# 江苏省高级人民法院
# 公　报

GAZETTE OF THE HIGHER PEOPLE'S COURT OF JIANGSU PROVINCE

江苏省高级人民法院　编



法律出版社
——北　京——

**图书在版编目(CIP)数据**

江苏省高级人民法院公报. 2023年. 第2辑 : 总第86辑 / 江苏省高级人民法院编. -- 北京 : 法律出版社, 2024
ISBN 978 - 7 - 5197 - 8213 - 9

Ⅰ. ①江… Ⅱ. ①江… Ⅲ. ①法院－文件－汇编－江苏－2023 Ⅳ. ①D926.229

中国国家版本馆CIP数据核字(2023)第151327号

**江苏省高级人民法院公报**
(2023年第2辑:总第86辑)
**JIANGSUSHENG GAOJI RENMIN FAYUAN GONGBAO**
(2023 NIAN DI - 2 JI:ZONG DI - 86 JI)

江苏省高级人民法院 编

责任编辑 冯高琼
装帧设计 汪奇峰 贾丹丹

**出版发行** 法律出版社
**编辑统筹** 法规出版分社
**责任校对** 张红蕊
**责任印制** 耿润瑜
**经 销** 新华书店

**开本** A4
**印张** 4.75 **字数** 95千
**版本** 2024年1月第1版
**印次** 2024年1月第1次印刷
**印刷** 三河市兴达印务有限公司

地址:北京市丰台区莲花池西里7号(100073)
网址:www.lawpress.com.cn
投稿邮箱:info@lawpress.com.cn
举报盗版邮箱:jbwq@lawpress.com.cn

销售电话:010 - 83938349
客服电话:010 - 83938350
咨询电话:010 - 63939796



**书号**:ISBN 978 - 7 - 5197 - 8213 - 9
**定价**:15.00元

凡购买本社图书,如有印装错误,我社负责退换。电话:010 - 83938349

# 江苏省高级人民法院公报

## 2023 年第 2 辑(总第 86 辑)

### 司法文件



### 审判动态



### 参阅案例



### 裁判文书

# 江苏省高级人民法院印发《关于强化生态环境司法保护服务保障美丽中国美丽江苏建设行动方案》的通知

（苏高法〔2023〕146号　2023年8月14日）

各市中级人民法院、南京海事法院、徐州铁路运输法院、各基层人民法院：

《关于强化生态环境司法保护服务保障美丽中国美丽江苏建设行动方案》已经省法院党组研究通过，现予印发，请结合工作实际，抓好贯彻落实。

## 关于强化生态环境司法保护服务保障美丽中国美丽江苏建设行动方案

为全面贯彻习近平总书记在全国生态环境保护大会上重要讲话精神和对江苏工作重要讲话精神，认真落实省委十四届四次全会关于美丽江苏建设的部署要求，充分发挥环境资源审判职能作用，服务保障美丽中国美丽江苏建设，结合全省法院工作实际，制定本行动方案。

### 一、总体要求

坚持以习近平新时代中国特色社会主义思想为指导，深入践行习近平生态文明思想和习近平法治思想，贯彻落实习近平总书记重要讲话精神和省委决策部署，完整准确全面贯彻新发展理念，坚持"两山"理念，认真落实中央、最高人民法院和省委决策部署，坚持最严格制度最严密法治，坚持能动司法，强化生态环境司法保护，推进山水林田湖草沙一体化保护修复，促进人与自然和谐共生，在美丽中国美丽江苏建设中展现司法担当，为推进中国式现代化江苏新实践、谱写"强富美高"新江苏现代化建设新篇章提供有力司法服务和保障。

### 二、重点举措

（一）服务保障国家重大战略实施行动

1. 服务保障长江大保护。全面实施长江保护法，持续严惩长江流域非法排污、非法捕捞、非法采砂等违法犯罪行为，积极应对“十年禁捕”以来出现的新情况新问题，助力打好长江保护修复攻坚战，保障长江流域生态环境系统性保护修复和绿色发展持续好转。坚持长江流域文化保护和生态保护一体联动，统筹做好长江流域文化遗产保护与生态环境治理，协同推进长江国家文化公园建设。举办“长江大保护环境司法改革钟山论坛”，完善长江大保护环境司法体制机制改革。组织长江保护法施行周年纪念宣传活动，增强社会公众保护长江生态环境和法治意识。

2. 服务保障长三角一体化发展。健全完善司法政策措施，精准服务保障长三角生态绿色一体化发展示范区建设。加强与长三角区域法院共建多层次司法协作机制，落实《长江三角洲地区人民法院环境资源司法协作框架协议》，完善一体化司法协作机制、案件裁判标准、资源共享体系、生态环境修复平台。组织召开长三角环境资源司法协作工作会议，创新司法协作新举措。

3. 服务保障大运河文化带建设。严厉打击损毁文物、名胜古迹，盗掘古文化遗址、古墓葬等犯罪行为，强化涉大运河文化遗产、遗址遗存等生态环境案件中相关特殊元素保护，助力大运河国家文化公园建设。依法审理涉南水北调东线工程水源地保护案件，助力运河航运转型、河道水系治理管护提档升级，确保国家南水北调重大工程长治久安。依托世界运河城市论坛，加强与国外运河流域地区司法机关等机构的交流合作，组织召开运河流域国际司法研讨会，参与构建运河流域环境司法案例、裁判规则、制度建设的国际化共享平台。

4. 服务保障淮河生态经济带建设。加大对淮河流域污染环境、破坏生态违法犯罪行为的惩治力度，护航淮河生态经济带建设。加强与淮河流域省份的沟通协调，建立健全淮河生态经济带司法协作机制，形成区域生态环境司法保护合力。聚智聚力生态环境司法保护机制创新，提升服务保障淮河生态经济带建设的针对性实效性。

（二）服务保障污染防治攻坚行动

5. 服务保障环保督察问题整改。学习贯彻习近平总书记关于生态环境保护督察的重要讲话精神和指示批示精神，依法延伸审判职能，加强与生态环境行政执法机关、检察机关的沟通协调，完善生态环境损害赔偿与公益诉讼衔接机制，优质高效审理、执行涉中央和省级环保督察反馈问题整改案件，保障环保督察发挥利剑作用。

6. 服务保障新一轮太湖综合治理。贯彻落实《推进新一轮太湖综合治理行动方案》，围绕新一轮太湖综合治理主要任务，完善生态环境行政执法与刑事司法衔接机制，严厉打击各类生态环境违法犯罪行为，推动太湖生态不断向好，服务打造世界级生态湖区、建设美丽中国省域范例。

7. 服务保障打好蓝天、碧水、净土保卫战。坚持问题导向，持续加大对涉重污染天气、黑臭水体整治、土壤污染等案件的审理力度，严厉打击偷排废水以及排污监测数据造假、环境监管失职渎职等突出违法犯罪活动，让天更蓝、地更绿、水更清，万里河山更加多姿多彩。

8. 服务保障城乡人居环境持续改善。依法审理垃圾处理场站、垃圾焚烧发电等设施选址、建设引发的纠纷,平衡污染物处理客观需要和周边居民对生活环境高品质要求。依法审理噪声污染等案件,平衡经济社会发展与人民群众合法权益保障。依法审理涉城中村、棚户区、老旧小区改造,生态景观建设等案件,推动绿色城市建设。依法审理非法处置危险废物、医疗废物等案件,推动无废城市建设。依法惩治非法占用耕地违法犯罪行为,严守耕地保护红线,保障粮食供给安全。依法审理涉禽畜养殖、农业面源污染、传统村落保护等案件,支持农村人居环境整治提升行动,保障加快建设新时代鱼米之乡。

(三)服务保障绿色低碳发展行动

9. 服务保障碳达峰碳中和目标实现。依法支持和监督行政机关涉碳排放管理,严厉打击温室气体排放数据造假行为,保障重点排放单位碳核查工作有序进行。依法审理涉电源结构调整、油气资源开发、可再生能源发展等案件,助推构建清洁低碳安全高效的能源体系。妥善审理涉碳衍生品交易案件,支持碳金融创新实践,依法审查金融机构围绕碳配额开发抵押贷款、碳基金等绿色金融产品的合法性。积极适用补植复绿、认购碳汇等裁判执行方式,协同推进固碳与增汇。

10. 服务保障产业结构绿色转型。加大产能置换案件审理力度,推动产能指标从高耗能、高碳排放企业向低耗能、低碳排放企业转移。依法运用环境保护禁令、环境侵权惩罚性赔偿等制度,提高重点行业领域环境违法成本,坚决遏制“两高一低”项目盲目发展。依法审理企业环境信息披露案件,引导企业主动适应绿色低碳发展要求,及时、真实、准确、完整披露环境信息。发挥企业破产制度作用,完善市场主体救济和退出机制,助推钢铁、石化、建材、印染等重点行业改造升级,促进形成节约资源和保护环境的产业结构。

11. 服务保障绿色生产生活方式加快形成。协同深化涉案企业合规改革,依法引导企业守法绿色规范经营。健全完善技改抵扣、分期付款等裁判执行方式,引导企业对生产设备和技术进行绿色升级改造,支持企业进行绿色技术创新。加强普法宣传,大力倡导绿色文明新风,引导人民群众形成绿色低碳的生活方式。

12. 服务保障自然资源产权保护和管理。依法妥善审理涉土地、矿藏、森林、海域等自然资源权属案件,科学划定自然资源所有权、使用权行使边界,推动自然资源合法有序开发利用。依法支持生态环境治理和生态产品经营开发权益挂钩等市场经营开发模式创新,促进生态价值转化为经济价值。

(四)服务保障生态系统多样性、稳定性、持续性提升行动

13. 服务保障生物多样性保护。依法审理涉濒危物种、生态破坏和生物遗传资源流失等案件,严厉打击非法猎捕、交易野生动物犯罪行为,坚决遏制生物多样性丧失和生态系统退化。依法惩治利用网络或者其他方式实施野生动植物及其制品非法

交易，严厉打击非法引进、释放或者丢弃外来物种等违法犯罪行为，坚决遏制和防范外来物种入侵。持续推进森林、河流、湖泊、湿地等重要生态系统司法保护，守护候鸟迁徙驿站和湿地生物繁衍家园，筑牢生态系统安全司法屏障，促进实现生态系统良性循环和永续利用。

14. 服务保障生态环境修复。以生态功能区、自然保护地、重点流域为单位，根据不同环境要素的修复需要，灵活运用补植复绿、劳务代偿、技改抵扣等多种裁判执行方式，建设系列生态环境司法修复基地，为不同类型自然环境、生态系统提供全方位修复选项。完善"恢复性司法实践 + 社会化综合治理"，发挥长江新济洲、海洋牧场等生态环境司法修复基地及南京红山森林动物园生物多样性司法保护馆的司法理论研究、生态保护公众参与及法治宣传作用。建立健全珍稀、濒危野生动植物种司法保护长效机制，助力珍稀、濒危野生动植物救助中心建设，促进生物多样性资源有效恢复。

（五）服务保障现代环境综合治理行动

15. 完善协调联动机制。建立健全生态环境执法司法协作机制，协力打好法治、市场、科技、政策"组合拳"。健全与生态环境等行政执法机关、公安机关、检察机关协调联动机制，完善证据采集固定、案件协调和解、判决监督执行等方式方法，促进提升生态环境协同保护水平。强化生态环境修复资金管理，确保资金合理规范使用。协同推进修复性裁决的执行跟踪、结果验收和专项报告制度，确保生态环境有效修复。

16. 强化矛盾纠纷源头化解。有效发挥行政调解、人民调解、仲裁等非诉讼纠纷解决机制作用，加强诉讼与非诉讼纠纷解决机制的衔接配合，健全完善多元生态环境矛盾纠纷解决机制。发挥司法建议"抓前端、治未病"功能，及时向生态环境行政执法机关提出预警和治理建议，依法监督有关部门落实整改。扩大生态环境审判公众参与度，开展法治宣传和以案释法活动，引导社会公众积极参与环境治理。

**三、组织保障**

17. 加强组织领导。全省各级法院要充分认识生态文明建设的重要性，把服务保障美丽中国美丽江苏建设作为重大政治任务，加强组织领导，落实落细措施，压紧压实责任。要积极争取党委领导和政府支持，主动向党委政府及有关部门汇报通报，为生态环境司法创造良好环境。要根据本地生态环境保护及司法管辖实际情况，健全工作机制，细化工作方案，推动各项措施落地见效。

18. 持续改革创新。完善环境资源审判"9 + 1"机制，强化专业化审判能力建设。优化环境资源案件集中管辖布局，适时调整跨行政区划集中管辖法院管辖范围。规范环境资源案件立案甄别工作，落实《最高人民法院环境资源案件类型与统计规范（试行）》，推进全省环境资源案件归口管理。健全上派下挂制度，加强环境资源审判专业人才培养、储备。推广应用中国环境资源审判信息平台，提升环境司法智能化水平。加强环境资源案件裁判、执行规则体系化建设，推动裁判尺度统一。

19. 抓好跟踪问效。紧盯目标任务，密切跟踪工作进展，把各项工作抓实抓细。加强调查研究，着力解决突出困难与问题，健全完善工作机制，确保工作持续健康发展。加强协同联动，持续加强与相关部门沟通协商，形成工作合力。

20. 强化宣传引导。发挥全媒体时代司法宣传作用，及时宣传推广好经验好做法。创新宣传方式，加强宣传力度，在全国生态日、世界环境日、长江保护法实施周年纪念等重要时间节点，联合相关部门开展增殖放流、集中宣判等多种形式的宣传活动，提高全社会生态环境保护法治意识。扩大生态环境司法公众参与度，常态化开展巡回审判，发挥生态环境司法修复基地的宣示教育功能。适时组织发布典型案件，发挥案例引导、示范和教育功能。

# 江苏省高级人民法院印发《关于深化最严格知识产权司法保护服务保障在科技创新上取得新突破行动方案》的通知

（苏高法〔2023〕162 号　2023 年 9 月 7 日）

各市中级人民法院、南京海事法院，徐州铁路运输法院、各基层人民法院，本院各部门：

《关于深化最严格知识产权司法保护服务保障在科技创新上取得新突破行动方案》已经省法院党组研究通过，现予印发，请结合工作实际，抓好贯彻落实。

# 关于深化最严格知识产权司法保护服务保障在科技创新上取得新突破行动方案

为深入学习贯彻习近平总书记考察江苏工作重要讲话精神，认真落实省委十四届四次全会部署要求，持续深化最严格知识产权司法保护，服务保障在科技创新上取得新突破，现结合全省知识产权审判工作实际，制定本行动方案。

## 一、总体要求

坚持以习近平新时代中国特色社会主义思想为指导，深入落实习近平总书记考察江苏重要讲话精神和省委十四届四次全会部署要求，牢记“国之大者”，把握“强省之要”，实施助力高水平科技自立自强、护航数字经济高质量发展、促进公平竞争创新环境建设、推动中华优秀传统文化创新发展、深化知识产权审判领域改革创新、加强知识产权协同保护“六项工程”，持续深化最严格知识产权司法保护，着力打造知识产权司法保护高地，最大限度激发创新创业活力，为加快实现高水平科技自立自强、加快实施创新驱动发展战略，全面推进中国式现代化江苏新实践提供有力司法服务和保障。

## 二、重点任务

### （一）实施助力高水平科技自立自强工程

1. 助力攻坚“卡脖子”难题。持续落实最严格知识产权司法保护36条措施，开展落实情况的专项检查。发挥南京、苏州知识产权法庭涉集成电路、互联网知识产权保护调研基地作用，联合省有关部门开展关键核心技术企业知识产权创造、管理、运用、保护专题调研。提级审理涉生物医药、半导体、人工智能、新材料等创新技术的一审知识产权案件。一审法院作出侵权成立判决的同时，可以根据权利人申请，必要时依职权作出行为保全裁定，及时制止对关键领域核心技术、新兴产业知识产权的侵权行为，以避免因一审判决未生效，侵权行为持续给权利人造成难以弥补的损害。研究加强涉半导体技术知识产权司法保护推动行业发展的实施意见。

2. 强化创新主体权益保障。建立涉创新创业人才流动的知识产权质押融资、侵犯商业秘密以及创新成果归属、职务发明奖励报酬等纠纷快速审理机制，依法及时保护研发人员在发明创造中的智力劳动和贡献投入，维护研发人员权益；强化企业、高校、科研院所等创新主体地位，保护企业等投资研发的正当收益和合法权利，促进创新要素向企业等集聚，激发创新创业活力。加强对涉知名科学家、重大科研项目知识产权案件审理的监督指导，切实维护科学家、科技领军人才权益，服务保障重大科研项目实施。

3. 推动重点产业链发展。深入推进落实与省知识产权局等单位建立的加强知识产权保护服务保障重点产业链发展工作机制，充分利用省知识产权保护大数据平台，便捷高效回应重点产业链发展中的知识产权保护关切。开展“知产法官进百企”活动，走访调研专精特新“小巨人”企业、“瞪羚”企业等科技领军企业，了解其科技创新及知识产权保护司法需求，助力提升知识产权管理和保护能力。

4. 服务乡村振兴战略实施。加大对农业生物技术、先进制造、精准农业技术等方面重大农业科技成果保护力度。依法适用惩罚性赔偿制度，严厉惩治制造假冒伪劣品种、侵犯植物新品种权、种子套牌等涉种业知识产权侵权违法行为，对构成犯罪的主犯原则上不适用缓刑，并适用从业禁止令。充分发挥南京种业振兴知识产权司法保护基地和保护联盟作用，强化全链条保护格局，推广国务院首批知识产权强国建设典型案例“种业振兴司法保障经验”。结合地区发展特色，充分发挥审判职能和地理标志司法保护基地工作优势，加强知识产权协同保护，助力特色产业发展和全面推进乡村振兴。

5. 促进科技成果流转应用。按照有利于创新和创新者权益保障、促进成果流转应用的导向，妥当认定科技成果转让、许可、开发、服务等合同效力与违约责任，依法规范科技成果从发明创造到转化应用各环节的法律关系、利益分配和责任承担，促进创新技术和知识产权自由有序流动，推动创新驱动内涵型增长。

（二）实施护航数字经济高质量发展工程

6. 推动数字经济与实体经济深度融合。加强对涉及大数据、云计算、人工智能、区块链等新技术新业态新模式知识产权问题的前瞻性研究，探索数字领域知识产权保护规则，做好涉计算机软件重点调研课题成果转化。妥善审理涉及数字技术标准必要专利、集成电路布图设计、算法推荐、开源软件等案件，努力实现更高水平数字正义，发挥数字技术对经济发展的放大、叠加、倍增作用。

7. 促进互联网产业规范健康发展。深入调研互联网产业发展中的知识产权问题。组织网络著作权、不正当竞争等涉网络案件专项评查，开展“网络著作权司法保护规则研究”人民法院知识产权审判重大理论实践课题调研。围绕互联网发展、科技创新知识产权司法保护主题，组织开展江苏知识产权法官“智峰论坛”研讨交流。

8. 探索构建数据知识产权保护制度。推进落实与省知识产权局签署的《强化数据知识产权协同保护合作备忘录》合作机制。加强数据知识产权基础制度建设，联合省知识产权局等部门出台数据知识产权登记规则，促进数据资源生产流通、开发利用、开放共享和产权保护，推动提升社会数字治理能力。

（三）实施促进公平竞争创新环境建设工程

9. 加强垄断和不正当竞争行为惩治。严厉打击实施垄断协议、滥用市场支配地位等垄断行为和仿冒混淆、虚假宣传、商业诋毁等不正当竞争行为，助力行政机关加强对自然垄断环节、要素市场、平台领域、生物医药、公用事业等民生领域反垄断监管，维护公平诚信的市场竞争秩序。加强执法司法协作，共同研究反垄断反不正当竞争领域重大问题，发布典型案例，推动全国统一大市场建设。

10. 规范平台经济健康发展。加强对平台企业竞争秩序司法规制，及时转化研究成果，依法严惩强制“二选一”、低价倾销、强制搭售、屏蔽封锁、刷单炒信、大数据杀熟、恶意投诉等互联网不正当竞争和垄断行为，有力打击平台企业恶意竞争，保护中小微企业生存发展，促进互联网新型商业模式规范健康运行。

11. 强化商业秘密保护。加强商业秘密刑事保护，与省公安厅、省检察院共同研究制定关于侵犯商业秘密犯罪案件办理的具体意见，着力解决商业秘密刑事保护中的难点问题。依法减轻权利人举证及经济负担，积极适用反不正当竞争法第三十二条规定，在有初步证据证明被控侵权人采取不正当手段获取、披露、使用或允许他人使用等侵犯商业秘密的情况下，适时转移举证责任，降低权利人证明商业秘密构成及侵权行为成立的难度。

（四）实施推动中华优秀传统文化创新发展工程

12. 加强传统文化领域知识产权司法保护。密切关注并深入调研新时代背景下中华优秀传统文化保护的司法需求，充分发挥知识产权"三合一"审判优势，综合运用著作权、专利权、商标权、商业秘密等多种权利模式，分类施策，进一步加强对民间文艺作品、传统工艺、民间秘方、老字号等优秀传统文化知识产权的司法保护，推动优秀传统文化创造性转化、创新性发展。

13. 促进中医药技术传承创新发展。加强涉中医药领域知识产权保护，加大中医药古方、中药商业秘密、道地药材标志、传统医药类非物质文化遗产司法保护的研究力度，发布全省法院涉中医药知识产权保护典型案例，助力中医药技术现代化、产业化。

14. 探索中华优秀传统文化与知识产权司法保护有机融合。围绕"中华优秀传统文化与知识产权事业融合发展"主题，召开省法学会知识产权法学研究会年会，推动将中华优秀传统文化融入知识产权创造、运用、保护、管理、服务全过程。探索建立中华优秀传统文化引入知识产权审判发现、识别、运用等机制，引导法官以蕴含中华优秀传统文化的司法裁判引领社会，推动形成尊重知识、尊重创造、尊重知识产权、公平诚信竞争的社会氛围。

（五）实施深化知识产权审判领域改革创新工程

15. 推动实施高水平知识产权审判机构建设。高标准建设知识产权法庭等知识产权审判机构，进一步提升审判专业化、职业化、信息化、集约化水平。实现审判组织设置专门化，中院建立知识产权审判专业化合议庭或审判团队，基层法院固定一至二名法官专门审理知识产权案件，提升重大疑难复杂案件审理能力。

16. 优化知识产权案件管辖机制。建立健全新类型、疑难复杂、重大、有影响的典型知识产权案件发现、识别、层报和提级管辖机制。根据案件情况和审判需要适当调整优化管辖布局，推动特定案件集中管辖，实现知识产权案件分布与法院审级职能相匹配。完善"三合一"审理机制，研究探索并推动将技术类知识产权刑事、行政案件划归中院管辖的工作机制，统一裁判尺度。

17. 健全技术事实查明机制。积极推动全省知识产权法庭技术调查官制度适用全覆盖，并实现全省共享。适时更新并充实技术专家库，打通上下级法院技术专家库以及与知识产权局等行政机关技术专家库通道，探索推进各类技术专家资源共享与统筹调派，推动技术事实查明机制创新。

18. 规范技术鉴定工作。加强与司法

行政、公安、检察、行政执法等机关沟通协调，树立科学的鉴定理念，坚持非必要不鉴定原则，加强对鉴定意见的审查，推动技术鉴定程序、规则、收费等事务规范化和知识产权技术鉴定机构名录建设。

19. 完善纠纷高效审理机制。探索建立知识产权民事侵权案件与行政确权案件同步审理机制，减少当事人维权成本和时间耗费。探索知识产权民事案件小额诉讼程序适用和要素式审判改革，制定小额诉讼程序适用指引，进一步推进在审理周期较长的复杂技术类案件中实行中间判决，满足创新主体权利救济多元、便捷、高效的期待与诉求。

（六）实施加强知识产权协同保护工程

20. 推进区域协同保护。认真落实长三角区域高级法院、知识产权局协同保护备忘录要求，深入落实省法院《关于强化知识产权司法保护推进长三角国际一流营商环境建设的意见》，进一步推进长三角区域司法保护协作，服务保障长三角区域高水平对外开放。推进南京都市圈、淮海经济协作区、苏南片区知识产权执法司法协作保护机制有效运行，提升跨区域知识产权保护效能。

21. 助力构建知识产权大保护工作格局。联合省知识产权局等单位加强对各市知识产权保护工作的考核，推动我省知识产权事业高质量发展。继续加强与省有关部门沟通协调，探索建立严重侵权失信人名录登记、发布及联合惩戒等信用监管机制。持续加强知识产权司法保护状况及典型案例的宣传发布，讲好司法保护江苏故事。

22. 全面落实知识产权纠纷多元化解机制。在全省增选知识产权纠纷调解组织和调解员，进一步发挥线上线下诉调对接机制效能，促进纠纷实质性化解。有效对接国际知识产权争议解决规则，研究探索与世界知识产权组织仲裁与调解中心建立合作机制，推动涉外知识产权纠纷妥善解决。

23. 加强涉外知识产权审判工作。依法平等保护中外当事人知识产权，着力打造涉外知识产权争端解决优选地和国际一流营商环境。在充分尊重中外市场主体协议选择司法管辖权利和遵循国际条约、国际惯例基础上，科学合理确定案件管辖连结因素，依法行使管辖权。深入研究禁诉令、反禁诉令等理论与实践问题，有效应对“长臂管辖”，助推我国科技创新、产业发展和参与国际竞争。

24. 积极参与知识产权国际治理。加强知识产权国际保护重大典型案例及涉外管辖、送达等法律问题研究，及时了解国际贸易、技术交易、文化交流等领域知识产权保护需求和前沿动态，提升审理疑难复杂涉外知识产权案件的能力。进一步拓展国际司法交流合作渠道，争取筹办知识产权保护国际司法论坛，深化同世界知识产权组织以及其他国家和地区的交流合作，积极参与知识产权司法领域全球治理。

**三、组织保障**

一是加强组织领导。全省各级法院要自觉站在“两个大局”的高度，牢记“国之大者”，把握“强省之要”，把深化最严格知识产权司法保护，服务保障在科技创新上取得新突破作为重大政治任务，加强组织领导，根据本地实际，细化工作方案，落实落细措施，压紧压实责任，确保取得实效。

二是完善工作机制。全省各级法院要落实主体责任，不断健全工作机制，主动作为，增强协同意识，着力破解制约知识产权审判工作发展的难题，认真抓好行动方案落地见效，并注意总结方案实施中的新情况、新经验。省法院将及时对行动方案落实情况跟踪评估和督促指导，推动各项工作落到实处。

三是加强队伍保障。准确把握知识产权审判专业性、前沿性和国际性特点，有针对性地开展政治历练、专业训练、实践锻炼，着力打造一支政治坚定、顾全大局、精通法律、熟悉技术，既熟悉中国国情又具有全球视野的专家型、复合型审判队伍。

# 江苏省高级人民法院印发《关于深化执行改革服务高质量发展的意见》的通知

（苏高法〔2023〕171号　2023年9月13日）

各市中级人民法院、南京海事法院，徐州铁路运输法院、各基层人民法院，本院各部门：

《关于深化执行改革　服务高质量发展的意见》已经省法院党组研究通过，现予印发，请结合工作实际，抓好贯彻落实。

## 关于深化执行改革　服务高质量发展的意见

为深入学习贯彻党的二十大精神和习近平总书记考察江苏重要指示精神，深入开展学习贯彻习近平新时代中国特色社会主义思想主题教育，深入贯彻省委十四届四次全会精神，在“以学促干”上取得实实在在的成效，现就深化执行改革，以执行工作高质量发展服务保障江苏在高质量发展上继续走在前列提出如下意见。

**一、总体要求**

1. 以习近平新时代中国特色社会主义

思想为指导，深入践行习近平法治思想，全面贯彻落实“走在前、做示范”的重大要求，深刻把握“四个走在前”“四个新”的重大任务，以深化执行办案“854 模式”改革为牵引，以深化统一管理、审执分离、司法网拍、执破融合改革和深入推进执源治理工作为支撑，持续深化执行改革，充分释放人民法院执行工作高质量发展的内生动力，推进执行体系和执行能力现代化，以更优执行服务、更优执行管理、更优执行质效，不断提升人民群众和市场主体的法治获得感、满意度，持续优化稳定公平透明可预期的发展环境，为我省实现到 2035 年“切实解决执行难”的目标开好局、起好步，为全面推进中国式现代化江苏新实践，谱写“强富美高”新江苏现代化建设新篇章提供有力的司法服务和保障。

**二、基本原则**

2. 坚持正确的政治方向。坚持党对人民法院工作的绝对领导，坚持以习近平新时代中国特色社会主义思想武装头脑指导实践推动工作，坚定拥护“两个确立”、坚决做到“两个维护”，坚定不移走中国特色社会主义法治道路，紧紧依靠党总揽全局、协调各方的领导核心作用，持续深化中国特色执行制度、机制和模式的“江苏实践”。

3. 坚持目标导向。在主题教育“凝心铸魂筑牢根本、锤炼品格强化忠诚、实干担当促进发展、践行宗旨为民造福”目标任务和实现到 2035 年“切实解决执行难”长远目标引领下，树牢造福人民的政绩观，践行能动司法理念、“抓前端、治未病”理念、双赢多赢共赢理念和案结事了政通人和理念，深化执行改革，推进执行工作高质量发展。

4. 坚持问题导向。对照中央全面依法治国委员会《关于加强综合治理从源头切实解决执行难问题的意见》、最高人民法院《人民法院第五个五年改革纲要（2019—2023）》《人民法院执行工作纲要（2019—2023）》、省委省政府《江苏省优化营商环境行动计划》提出的各项改革任务，在执行办案模式、执行管理体制、执行监督体系、资产处置机制、市场退出和挽救机制、执行联动机制等方面补短板、强弱项、扬优势、增亮点，迎难而上、敢为善为、攻坚克难。

**三、重点工作**

（一）深化执行办案“854 模式”改革

5. 再次迭代升级“854 模式”。制定执行指挥中心实体化运行“854 模式”3.0 版工作导则，全面建立以执行指挥中心为中枢，以数字化、无纸化为依托，以执行服务中心、执行事务中心、执行监管中心为支撑的执行实施权“一体两化三中心”运行新机制，坚决摒弃“一人包案到底”或“团队包案到底”的传统办案模式，通过事务集约、科技赋能、闭环管理，让执行速度更快、力度更强、规范化程度更高，推动工作作风进一步改进、执行质效进一步优化、人民群众获得感和满意度进一步提升。

6. 全面建立执行服务中心。强化服务理念，提升服务质量，统一服务要求、标准和场所标识，事务办理实行定岗、定责、定人、定标准、定时限，在执行服务中心窗口为执行当事人提供便利、公开、规范、高效的一站式服务，努力做到“走进一中心，事务一站清”。

7. 全面建立执行监管中心。完善管理专员制度，对流程节点、标的物查控处置、结案审查、案款收发、质效指标、信访处理等执行环节和事项，进行纵向到底、横向到边的全流程、全方位、闭环式监管，保障高效公正规范文明执行。升级完善终本案件管理系统、执行可视化管理系统、一案一人一账号监管系统，建立健全规范化、标准化、常态化的数据巡检机制，将执行管理的最小单元从每件案件，精细化至每个流程节点、每宗标的物、每笔案款、每条执法音视频、每个数据。

8. 推动执行工作由信息化向数字化升级。以“数字革命”驱动新时代新发展阶段执行工作整体提质增效。拓展“微执行”移动办案系统功能，延伸云上执行、掌上服务，增强系统使用的便捷性、互动性。全面落实全流程无纸化办案，一体推进电子卷宗深度应用，全面配备5G单兵、专用PAD、无线打印机等适应执行工作特点的移动办案装备。推动人工智能技术广泛应用，在更广领域、更多事务中实现人工替代。优化执行信息公开平台，扩大系统自动向执行当事人推送的执行节点、进展信息范围，以公开促公正、以透明保廉洁。以数字化管理为基础，建立“854模式”下基层法院执行工作“人、案、事”的微观考核模型。

（二）深化执行管理体制改革

9. 在总结试点法院改革经验基础上，强化省法院和各市中级法院对辖区执行工作统一管理、统一指挥、统一协调职能作用，进一步提升管案、管事、管人的实际效果，总结执行管理体制改革的“江苏模式”，形成全省法院凝心聚力、合力攻坚的工作态势。

10. 强化上级法院对下服务职能。加强提级执行、指定执行、协同执行，切实加大对同一被执行人涉案众多、同一案件当事人众多等“骨头案”的执行力度。高、中级法院可以综合考量执行力量配备、未结案件数量、类案集中办理等因素，决定将下级法院的部分执行案件指定其他法院执行。探索省域内将异地处置不动产、机器设备纳入事项委托范围，将海事法院小标的执行案件纳入全案委托范围。加强与兄弟省市法院执行协作，推进长三角执行协作一体化。

11. 强化上级法院对下管理职能。健全执行局长年度述职述责、执行局长每周例会、执行案件质量和案款管理情况定期抽查以及执行指挥中心运行情况、涉执信访、执行裁判发改案件、执行条线违法违纪定期通报制度。

12. 探索省域、市域执行指挥中心一体化建设。推进部署“执行110”业务智能语音管理系统，实行全省法院“一号对外、上下联动、分级操作、限时办理”的工作机制，建立当事人与执行法院之间便捷高效的沟通渠道。有条件的地区，可以探索市域执行指挥中心一体化融合，即仅在中级法院设立执行指挥中心，对全市法院或辖区部分法院实行执行案件统一受理、人员统一调度、装备统一管理，相关基层法院原则上不再设置执行指挥中心，确有必要的可设立分中心，作为中级法院执行指挥中心的分支机构，根据中级法院指令开展工作。

13. 加强考核“指挥棒”作用。准确把握执行工作规律和特点，完善单独执行工作考核指标体系，结合全省营商环境建设新要求，完善全省营商环境评价涉执行工作的评价指标。

（三）深化审执分离改革

14. 深化审判权与执行权相分离执行体制改革试点工作，强化执行裁判权对执行实施权的监督制约作用，推进执行裁判理念现代化。进一步提高对执行裁判制度功能的认识，充分认识执行裁判工作在促进高效公正规范文明执行、推进切实解决执行难方面不可替代的重要作用，坚持依法、平衡、全面保护民事权益，坚持监督与支持并重，坚持实质性化解执行争议，努力实现执行裁判案件审查天数明显缩短、发改率明显降低和执行实施案件规范化水平明显提升。

15. 强化裁执协调配合。在强化执行监督、畅通法定救济渠道的同时，建立健全执行异议立案前的甄别与矛盾化解机制、完善异议材料的提交与流转机制、优化执行裁判案件办理机制、搭建执行裁判案件反馈通报机制，以及合力识别和规制抗拒执行、规避执行行为工作机制。

16. 强化对下监督指导。省法院、各市中级法院定期发布典型案例通报，对疑难问题进行集中解答，确立裁判规则，提升监督指导的针对性和实效性。落实执行裁判发改案件通报、分析、问责机制，加强对多次重复发生的违法违规执行问题及“有案不立”问题的监督力度。全面推广要素式审判方法，促进执行裁判案件办理质量和效率的不断提升。分层分类组织开展执行裁判案件评查，有针对性地加强监督指导，注重发挥优秀裁判文书的正向激励作用。

17. 加强执行裁判专业化审判队伍建设。优化执行裁判案件审判团队配备，确定由相对固定的审判团队或专人集中办理，探索根据执行异议之诉所涉基础法律关系，由执裁法官与相关审判业务部门法官组成跨部门合议庭的团队模式。

（四）深化网络司法拍卖改革

18. 强化司法拍卖全节点、全流程严格管理，不断提升资产处置效果，促进执行资产变现价值最大化、成本最小化，让竞买人参加竞拍更放心、债务人交付资产更安心、债权人兑现权益更顺心。

19. 进一步完善评估拍卖程序。根治网络司法拍卖财产调查不充分、评估监管不严格、内部管理不到位、执行法院工作人员及近亲属违规参加竞拍等问题。强化拍卖财产尽职调查的全面性、规范性，全面规范拍卖财产信息披露要求。强化对集中拍卖、腾空执行资产进行风险评估、风险防范和风险处置的要求。

20. 切实维护网络司法拍卖的权威性和公信力。保障网络司法拍卖平台良性竞争，加强对拍辅工作标准化、规范化管理，推动网络司法拍卖服务更优化。依法严厉打击恶意悔拍等扰乱网络司法拍卖秩序行为，加大处罚和宣传力度。

（五）深化执破融合改革

21. 强化“企业被执行人无终本”理念，将执转破工作思路由“执破衔接”上升为“执破融合”，推动执行和破产办案理念、资源、程序、手段的融合，充分结合执行和破产各自的程序优势，变“单向转化、前后衔接”为“双向互促、一体推进”，以执促破、以破促执，为市场主体出清和重生提供助力和保障。

22. 积极构建债务清理大格局。探索开展建立“执破融合中心”试点工作，多部门合力推进债务人资产的保值增值、债权债务的高效清理。开发应用“执破融合”信息化管理系统，加强审判、执行、破产等办案系统以及执行办案系统各子系统的内部整合、互通互联。完善执转破案件办理流程，推进简案快破，进一步提速和规范执转破工作。

23. 健全府院联动机制。在党委领导、政府支持下，推进健全破产企业职工安置、破产基金、税收减免、信用修复等配套制度，推广公益清算、公益管理人等新机制，促进破产程序提升效率、降低成本。

24. 继续深入推进“与个人破产功能相当的试点”改革。探索符合我国社会经济发展阶段和法治国情的中国特色个人破产制度，为“诚实而不幸”的个人债务人纾困解难。

（六）深入推进执源治理工作

25. 深入贯彻习近平总书记考察江苏时提出的“在推进社会治理现代化上实现新提升”的工作要求，坚持和发展新时代“枫桥经验”，推动综合治理源头治理执行难工作再上新台阶。推动综合治理执行难工作联席会议制度实质化运行、成员单位间常态化沟通，推进执行工作深度融入社会治理，在完善“点对点”网络查控系统、联动查人扣车、联合信用治理、基层网格员协助执行等方面取得新的突破。

26. 健全法院内部执源治理机制。坚持“源头管控”和“未病预警”，推动形成“立审执裁破一体化”工作格局，合力促进生效裁判自动履行。探索构建法院内部“执行建议”制度，由执行机构向审判部门发出内部“执行建议”，避免不当裁判无法执行而再生纷争。探索建立诉前、诉中“执行不能”风险告知制度，构建判后督促履行制度。进一步规范民事诉讼保全行为，强化善意文明理念，严格落实省法院《关于进一步规范查封、扣押、冻结财产工作指引》。加大执行和解力度，努力促进当事人矛盾实质化解。

27. 大力推动社会诚信建设。树立“诚信建设是最好的执源治理”理念，惩戒失信与鼓励诚信并举，切实落实省第十四次党代会提出的“使法治和诚信成为江苏推进社会主义现代化建设的显著优势和核心竞争力”部署要求。推动完善失信信息的共享机制、社会信用档案制度，推动失信被执行人信息嵌入联合惩戒单位办公或经营平台，实现网络化自动比对、自动提示、精准惩戒。健全公检法联动机制，进一步加强法院内部执行机构与刑事审判部门的协调配合，切实加大对拒执犯罪行为依法打击力度。探索建立信用惩戒分级制度、失信宽限期制度，完善信用修复机制、守信激励机制，营造鼓励自动履行、支持诚实守信的良好氛围。

28. 推进法治化营商环境持续优化。深入贯彻落实《江苏省优化营商环境行动计划》，巩固“优化法治化营商环境执行年”1 +4 专项行动成果，贯彻双赢多赢共赢理念，推进“物联网 + 执行”“活查封、活扣押、活冻结”“执行监管人”、执行和解等各项善意文明执行措施的制度化、规范化、常态化，通过更加精准、灵活、有效的执行措施，在依法保障胜诉当事人合法权益同时，最大限度减少对被执行人生产经营的影响，帮助市场主体减负纾困、持续发展、提升履行能力。

29. 加强重点领域矛盾预防和化解工作。通过发送司法建议等形式，推动金融等执行案件高发领域完善企业治理、强化风险管理，从源头减少矛盾纠纷发生。探索建立人民法院与社会保障部门协作化解涉民生执行案件的工作机制，推动将符合条件的涉民生案件申请执行人纳入社会保障体系。

30. 推进“有信必复”落实落地。坚持和发展“浦江经验”，深入落实《信访工作条例》、省委省政府《关于贯彻信访工作条例的实施意见》以及最高人民法院《关于加强新时代人民法院涉诉信访工作的意见》，将信访办理纳入法治轨道，加强审查类和督办类执行监督案件办理，落实执行局长信访接待日制度，完善涉执信访终结机制，对执行救助扩大覆盖面、加强及时性，做到有访必理、有信必复、有错必纠、有案必查，以“头拱地”精神和“如我在执”的意识办好执行信访，切实减少涉执衍生案件。

**四、组织保障**

31. 加强组织领导。各级法院党组要高度重视，坚持“一把手抓、抓一把手”，切实加强对本意见各项执行改革任务的统筹协调、推进实施、督促落实、总结评估，确保有重点、有步骤地推进各项任务落实。

32. 加强队伍建设，强化装备保障。充实执行力量，优化人员结构，全面提升执行队伍“四化”水平，根据工作需要加强员额法官、法官助理、书记员配备，推进司法警察参与执行，锻造一支对党忠诚、服务人民、勇于担当、执法公正、纪律严明的执行铁军。不断加强执行队伍党风廉政建设，坚持严管就是厚爱，保持严的基调、严的措施、严的氛围，健全与执行权力运行体系相适应的廉政风险防控体系，确保公正廉洁执行。严格落实执行工作业务装备标准，加强执行工作物质装备保障和及时更新，构建现代化执行后勤保障体系。

33. 加强跟踪问效。各级法院要把推进本意见落实作为院领导包保督导审判执行工作的重要内容，压实主体责任，加强督查督导，注重经验总结，健全完善长效机制建设，确保各项改革任务落实到位，各项工作目标高质量完成。

# 江苏省高级人民法院　江苏省司法厅<br>关于深化行政诉讼法律援助试点的实施意见

（苏司通〔2023〕4 号　2023 年 2 月 13 日）

各市中级人民法院、南京海事法院、徐州铁路运输法院、各基层人民法院，各设区市、县（市、区）司法局：

2020 年 8 月，省法院、省司法厅印发了《关于开展行政诉讼法律援助试点的通知》（苏司通〔2020〕24 号）。各试点地区根据部署要求，扩大行政诉讼法律援助范围，创新工作模式，健全衔接机制，加强律师资源调配及工作保障，试点工作取得了良好成效。为进一步推动行政争议实质化解，健全行政诉讼与法律援助对接机制，助推行政机关依法行政，解决人民群众“急难愁盼”问题，根据《中华人民共和国法律援助法》、最高人民法院《关于进一步保护和规范当事人依法行使行政诉权的若干意见》、司法部《全面深化司法行政改革纲要(2018—2022年)》等有关工作要求，就深化行政诉讼法律援助试点工作提出如下意见。

## 一、总体要求

(一)指导思想。坚持以习近平新时代中国特色社会主义思想为指导，深入践行习近平法治思想，全面贯彻落实习近平总书记关于为困难群众提供有效法律援助等系列指示精神。积极融入基层社会治理，进一步扩大行政诉讼法律援助覆盖面，依法调动纠纷解决资源，提高行政争议实质化解工作的力度和效果，不断提升风险隐患防范化解能力，实现高质量发展与高水平安全良性互动。

(二)主要目标。从2023年2月起，将行政诉讼法律援助试点地区扩大到全省。前期开展试点的设区市认真总结经验，进一步深化试点工作，发挥典型示范作用；其他地区结合本地实际，积极探索，大胆实践。力争经过三至五年的改革试点，行政诉讼法律援助覆盖面明显扩大，行政诉讼当事人诉权得到有效保护，法律援助服务能力明显增强，行政审判质效全面提升，行政争议化解率显著提高，形成可复制可推广的制度创新成果，有力助推法治政府建设。

## 二、明确行政诉讼法律援助范围

试点地区要有序扩大行政法律援助范围，将涉及食品药品、环境资源、土地房屋、劳动保障、城乡规划等与民生紧密相关事项纳入行政诉讼法律援助事项范围，对诉讼实施能力较差且其诉讼请求具有一定事实根据和法律依据，或者经济困难的当事人，没有委托代理律师的，根据其需求及时提供法律援助。试点地区法院和司法行政机关结合有关规定和本地实际，确定行政诉讼法律援助具体范围。

对明显属于滥用诉讼权利、明显不符合法定起诉条件以及其他不适宜给予法律援助的案件当事人，不予法律援助。

## 三、建立健全工作衔接机制

(一)参与诉前调解、和解机制。强化行政诉讼法律援助申请告知指引，全省各级法院立案庭对于行政诉讼法规定可以调解、当事人要求和解、通过和解方式处理更有利于行政争议实质化解的案件，主动引导前来起诉的行政案件当事人开展调解、和解工作；对于符合行政诉讼法律援助试点范围的，相关工作人员应当引导当事人向当地法律援助中心申请法律援助。法援律师作为当事人的代理人参与诉前调解、和解的，要围绕实质性化解行政争议，充分发挥专业优势和沟通作用。诉前调解、和解相关材料能够体现法援律师参与案件办理过程和实际效果的，可以纳入法律援助案件统计范围。

（二）人民法院初审引导机制。对已经立案的案件，由行政庭在收到案件后及时进行初步审查。人民法院认为当事人符合条件、可以给予法律援助的，在征得当事人同意后，向其发送《行政案件申请法律援助告知书》（附件1），并同时向法律援助机构发送《建议给予法律援助函》（附件2），当事人凭告知书向法律援助机构提出申请。法律援助机构经审查后决定给予法律援助的，函告人民法院；决定不给予法律援助的，函告时一并说明有关情况。

（三）法律援助资源统筹机制。设区市法律援助机构应当结合行政诉讼案件集中管辖的实际，在全市范围内选拔具有相应行政诉讼或者行政复议经验、责任心较强、参与积极性较高的律师，组建行政诉讼法律援助律师库，具体承办行政诉讼法律援助案件。在案件指派时，综合考虑当事人意愿、律师参与成本等因素，可以跨区域指派承办律师。对已经提供法律援助的行政诉讼案件当事人，在后续诉讼阶段没有委托代理人的，原则上应当给予法律援助。同时，健全法律援助异地协作机制，加强法律援助机构之间在转交申请、核实情况、调查取证、送达法律文书等环节的协助配合。

（四）"法官进法援"机制。有条件的地区，设区市中级人民法院可安排本院、集中管辖法院或属地法院法官、法官助理定期到同级法律援助机构窗口接待行政争议当事人，主要负责解答咨询、调解争议、引导通过合法途径表达诉求等，接待信息应当提前公布在法律援助机构窗口。

（五）案件质量反馈机制。全省各级法院应当在诉前调解或者行政诉讼法律援助案件终结后填写《行政案件法律援助质量反馈卡》（附件3），对法援律师代理情况进行评价，可按月集中发送给作出指派的法律援助机构。

（六）信息共享研判机制。法律援助机构之间、法律援助机构与人民法院行政庭或者立案庭、相关行政机关之间，建立健全信息共享和工作协同机制，及时共享法律援助受援人情况、行政争议化解情况等信息。人民法院、司法行政机关可以通过联席会议等方式，及时分析研判行政争议化解中的突出矛盾和问题，对行政执法中的普遍性、倾向性、趋势性问题，提出防范及改进建议。

**四、强化试点工作保障**

（一）加强专业队伍力量。司法行政机关和律师协会应当加强对律师事务所、律师开展行政法治业务的指导，常态化开展业务培训，培育和扶持一批行政法治业务特色鲜明的专业律师事务所，培养一批擅长办理行政诉讼法律援助案件的专业团队和专业人员。鼓励和支持开设法学专业的高校以及其他社会组织依托自身优势参与行政诉讼法律援助工作。

（二）完善激励保障机制。法援律师参与诉前调解、和解及代理行政诉讼案件等事务的补贴，应当根据江苏省司法厅、江苏省财政厅《关于完善法律援助补贴指导标准有关事项的通知》（苏司通〔2019〕30号）要求核算并及时足额支付。实行案件补贴与办案质量相挂钩的差别补贴制度，服务质量和效果较好的，按照最高标准确定案件补贴，对在行政诉讼法律援助工作中表现突出、成效明显的律师事务所及律师，通过适当形式给予表扬激励。全省各级法院应当依法保障法援律师的执业权利，为其阅卷、参与诉讼等提供便利。

（三）规范案件日常管理。实行行政诉讼法律援助案件"一案一评"，按照司法部出台的行政案件服务规范、评估规则，定期开展行政诉讼法律援助案件质量专项评估，将评查结果纳入执业机构和执业人员年度考核内容。对于涉及食品药品安全、生态环境和资源保护、公共卫生安全等重大公共利益，社会高度关注或者可能引发群体性事件等案件，实行集体讨论、全程跟踪、重点指导。建立完善典型案例的发现、培育、推荐机制，全过程、系统化地打造优秀品牌案件。

（四）加大试点宣传力度。强化行政诉讼法律援助制度宣传，在人民法院、司法行政机关的门户网站和办事大厅、服务窗口等场所，公开行政诉讼法律援助事项范围、程序以及法律援助机构联系方式等信息，加大宣传解读力度，使涉诉群众了解法律援助制度，主动选择法律援助帮助其参与行政诉讼、化解矛盾纠纷，提高法律援助的适用率。充分运用传统媒体和网络、微信、微博等新媒体，宣传援助工作的重要意义以及积极成效，为行政诉讼法律援助试点工作营造良好的社会环境和舆论氛围。

**五、加强试点工作组织领导**

行政诉讼法律援助试点，是践行司法为民宗旨、提升行政审判质效、促进行政争议实质化解、深化法治政府建设的重要举措。全省各级法院、司法行政机关要进一步统一思想认识，提高政治站位，加强对试点工作的组织领导，明确责任分工，及时协调解决试点过程中出现的问题，确保试点工作取得预期成效。试点地区法院和司法行政机关要共同争取地方党委、政府对行政诉讼法律援助工作的政策支持和经费保障，通过政府购买、单独列支、部门调剂等方式解决经费不足问题，有效保障试点工作顺利推进。要拓宽思路，主动作为，对于试点中出现的新情况、新问题，积极探索，创造性开展工作，试点中的重大问题及时向省法院、省司法厅报告。

省法院行政庭、省法律援助中心要建立行政诉讼法律援助工作协调机制，定期组织交流、总结、通报工作进展情况，加强对试点工作的综合协调和督促指导。各地可结合实际情况制定实施细则。

附件：1. 行政案件申请法律援助告知书（样式）

2. 建议给予法律援助函（样式）

3. 行政案件法律援助质量反馈卡（样式）

**附件1：行政案件申请法律援助告知书（样式）**

## ________人民法院

## 行政案件申请法律援助告知书

年度 苏 法院编号 行诉前调（行初）号

×××：

根据《中华人民共和国法律援助法》《江苏省法律援助条例》以及《关于深化行政诉讼法律援助试点的实施意见》（文号）《** 市 ****》等有关规定，对于你提起的__________一案，你可以持本院出具的《建议给予法律援助函》，携带有效身份证明等有关材料向法律援助中心申请法律援助。经法律援助中心审查，决定是否提供法律援助。

法律援助中心地址：

联系人：

电　话：

年　月　日

附件2:建议给予法律援助函(样式)

## ________人民法院
## 建议给予法律援助函

年度 苏 法院编号 行诉前调(行初)号

××法律援助中心:

本院受理的__________一案,原告未委托代理律师,根据《中华人民共和国法律援助法》《江苏省法律援助条例》以及《关于深化行政诉讼法律援助试点的实施意见》(文号)《**市****》等规定,本院已告知原告向你中心申请法律援助,建议指派律师为其提供诉讼代理服务。如决定提供法律援助,请将指派的律师姓名及联系方式函告我院;如决定不予法律援助,请函告说明相关情况。

法院联系人:

联系电话:

(本建议函壹式贰份,本院留存壹份)

年 月 日

附件 3：行政案件法律援助质量反馈卡（样式）

## ________人民法院
## 行政案件法律援助质量反馈卡

| 案号 | | 案由 | |
|---|---|---|---|
| 承办律所 | | 承办律师 | |
| 受援人 | | 受援人联系方式 | |
| 评价项目 | 好 | 较好 | 一般 |
| 依法依规 | | | |
| 专业水平 | | | |
| 工作效率 | | | |
| 工作态度 | | | |
| 综合评价 | | | |

意见和建议：

（盖章）
年　月　日

# 江苏法院2022年行政审判十大典型案例

**1. 某房产公司诉某市场监管局处罚违法收集人脸信息案**

**【裁判要旨】**

经营者应当依法收集、使用消费者个人信息。经营者未经明确同意,违法收集、使用消费者人脸信息,侵害了个人信息依法受保护的权利。具有监管职责的行政机关对该违法行为依法进行查处的,人民法院应予支持。

**【基本案情】**

2019年,太仓某房产公司购买人脸识别设备,安装在楼盘售楼处,捕捉、抓拍进入售楼处的客户人脸信息,用于规避销售人员把自访客户私自转为中介客户,同时用于识别客户以便与分销中介结算佣金。某市场监管局在售楼处检查时,发现现场仅有11份由客户签字确认的《关于收集人脸信息的知情同意书》。太仓某房产公司认可不强制要求客户签订知情同意书,一般都是成交客户才签订。除上述11份同意书外,太仓某房产公司未提供更多征得购房者单独、明确同意的知情同意资料。在某市场监管局调查期间,太仓某房产公司停用并拆除人脸识别设备。某市场监管局作出行政处罚决定,针对违法收集使用消费者个人信息的行为,决定责令该公司改正并罚款50000元。太仓某房产公司对该决定不服,提起诉讼请求撤销被诉处罚决定。

**【裁判结果】**

常熟市法院一审认为,太仓某房产公司收集前来售楼处的客户人脸信息,并对购房者进行信息比对认证,但其未能提交证据证明收集使用客户人脸信息得到了所有客户的同意,已违反《消费者权益保护法》第二十九条规定,侵害了消费者个人信息依法受保护的权利。某市场监管局依据《消费者权益保护法》第五十六条等规定责令该公司改正并罚款,并无不当。常熟市法院遂判决驳回太仓某房产公司的诉讼请求。一审判决作出后,双方当事人均未提起上诉。

**【典型意义】**

人脸信息属于生物识别信息,系个人信息。《个人信息保护法》规定,自然人的个人信息受法律保护,任何组织、个人不得侵害自然人的个人信息权益。《消费者权益保护法》对经营者收集、使用消费者个人信息也作出规定。当前，部分经营主体通过捕捉、抓拍等方式收集客户或者潜在客户的人脸信息用于商业活动，但在收集、使用人脸信息时，经营主体并没有依法征得消费者同意，有的甚至将收集的信息用于非法目的，严重侵害消费者的合法权益。具有监管职责的行政机关对此类侵犯个人信息的行为进行查处，具有法律依据。人民法院在审理此类案件时，应当坚持依法保护个人信息的原则，坚决打击违法收集、使用个人信息的行为，推动形成政府、企业、社会公众共同参与个人信息保护的良好环境。

**2. 某公司诉某区人社局等涉农民工工资案**

**【裁判要旨】**

《保障农民工工资支付条例》第三十条第三款规定，分包单位拖欠农民工工资的，由施工总承包单位先行清偿，再依法进行追偿。对于分包单位未按照规定及时足额支付劳动者劳动报酬，行政机关依据该条规定作出责令总承包单位限期支付农民工工资行政处理决定的，人民法院应予支持。

**【基本案情】**

2020年11月14日，刘某某向人社部门反映被某公司拖欠工资，某区人社局经初查发现存在多名农民工欠薪情况，遂予以立案。某公司在调查中称该公司下设劳务分包公司，具体的工人工资支付应由劳务分包公司承担。2021年4月30日，某区人社局作出行政处理决定书，责令该公司在2021年5月10日前支付刘某某等17名农民工工资共计60余万元。某公司对该行政处理决定书不服，向区政府申请行政复议。区政府经复议后决定维持行政处理决定书。某公司仍不服，诉至法院请求撤销行政处理决定书和行政复议决定书。

**【裁判结果】**

无锡市梁溪区法院一审认为，刘某某等人均为农民工身份，其在建筑工程项目中付出劳动，理应及时获得足额报酬。某区人社局就刘某某等人反映的拖欠工资情况予以立案时，《保障农民工工资支付条例》已经施行，且拖欠农民工工资的违法行为延续至该条例施行之后。根据《保障农民工工资支付条例》的相关规定，分包单位拖欠农民工工资的，由施工总承包单位先行清偿，再依法进行追偿。某公司作为总承包方，对分包单位劳动用工和工资发放等情况负有监督职责，但其未予履行，故某区人社局作出的行政处理决定具有事实根据和法律依据。无锡市梁溪区法院遂判决驳回某公司的诉讼请求。某公司不服提起上诉，无锡中院二审判决驳回上诉，维持原判。

**【典型意义】**

工资报酬是广大农民工最直接、最核心的权益，农民工工资支付是国家高度重视解决的民生问题。为了规范农民工工资支付行为，保障农民工工资按时足额发放，国务院出台《保障农民工工资支付条例》，对建设工程领域作出特别规定，施工总承包单位负有无条件的先行清偿义务，只要有拖欠农民工工资的行为，无论是分包还是转包，均应由施工总承包单位先行清偿。本案裁判一方面支持行政机关依法保障被拖欠工资的农民工能够早日获得应得的工资报酬，切实维护农民工取得工资报酬的权益；另一方面对于推动建设工程领域相关单位严格落实《保障农民工工资支付条例》所规定的法定责任和义务具有示范和教育意义。

**3. 陈某某诉某市公安局交警支队因醉酒驾驶摩托车被吊销驾照案**

**【裁判要旨】**

醉酒驾驶摩托车的行为构成醉酒驾驶机动车，应依法吊销驾驶人的机动车驾驶证。该处罚系剥夺驾驶人驾驶任何类型机动车的资格，与驾驶人所持驾驶证的准驾车型和实际驾驶车型无关。

**【基本案情】**

陈某某的机动车驾驶证载明其准驾车型为 C1。2021 年 6 月，陈某某驾驶轻便摩托车被执勤民警当场查获，经抽血鉴定，陈某某血液中乙醇含量达到醉酒标准。某市公安局交警支队据此认定陈某某实施了醉酒驾驶机动车的违法行为，依据《道路交通安全法》第九十一条第二款的规定，决定对其吊销机动车驾驶证。陈某某不服，认为其 C1 驾驶证的准驾车型不包含普通二轮摩托车，交警支队处以吊销其汽车 C1 驾驶证的处罚未能准确区分摩托车和汽车，起诉请求撤销该处罚决定。

**【裁判结果】**

扬州市邗江区法院认为，本案的争议焦点在于陈某某醉酒驾驶摩托车，交警支队吊销其准驾车型为 C1 的汽车驾驶证，适用法律是否正确。首先，法律明确规定对醉酒驾驶机动车的应当吊销机动车驾驶证，并未区分驾驶人的准驾车型。其次，若醉酒驾驶摩托车，只能吊销准驾车型为摩托车的驾驶证，不能吊销汽车驾驶证，则提高了行为人自认为其依然持有汽车驾驶证，后继续实施醉酒驾驶汽车情形的可能性，给交通安全秩序带来更大的危险。最后，吊销机动车驾驶证，是基于行为人实施了严重危害道路交通安全的违法行为，认为允许其继续驾驶机动车或将危及公共安全，由此作出终止其驾驶许可的决定。这是对违法行为人缺乏道路交通安全意识的一种否定性评价，与其持有驾驶证的准驾车型或实施违法行为时实际驾驶的机动车类型无关。扬州市邗江区法院判决驳回陈某某的诉讼请求。一审判决作出后，双方当事人均未提起上诉。

**【典型意义】**

道路交通安全关系人民群众的生命健康和财产权益。对于在醉酒驾驶机动车车型与驾驶人所持驾驶证所载准驾车型不一致的情况下，交警部门能否吊销驾驶人所持驾驶证存在争议。人民法院在本案中对此问题予以释法说理，既有力支持了交警部门依法对醉驾违法行为的处罚，也向违法行为人和社会公众宣示了在醉酒驾驶摩托车等情形下，交警部门对违法行为人作出吊销汽车驾驶证的处罚符合法律规定，进一步强化了社会公众规范驾驶、安全驾驶的法律意识。

**4. 卞某诉某市民政局不予撤销“挂名”登记案**

**【裁判要旨】**

公民明知法人或者其他组织将其身份证用于行政登记，仍然提供身份证并配合办理行政登记的，应当对其行为负责并承担相应的法律责任。公民出借身份证后，以行政登记程序中的签字并非其本人书写或者仅是“挂名”登记为由主张撤销登记行为的，人民法院不予支持。

**【基本案情】**

2019年，顾某某请卞某担任其投资的某培训中心法定代表人。卞某向顾某某提供了身份证、教师资格证等证件。后某培训中心理事会选举卞某为理事长及法定代表人并向某市民政局提出变更登记申请，市民政局经审查后将该培训中心法定代表人变更登记为卞某。因某培训中心经营不善引发多起诉讼，卞某诉至法院请求撤销市民政局作出的变更登记行为。诉讼中经法院委托司法鉴定，《社会组织法定代表人登记表》《社会组织章程核准表》中的落款签名均不是卞某本人书写。

**【裁判结果】**

镇江市润州区法院一审判决驳回卞某的诉讼请求后，卞某不服提起上诉。镇江中院二审认为，公民应当依法使用身份证件，卞某明知某培训中心将自己身份证件用于行政登记，仍然提供并配合办理行政登记，应当对其提供身份证件用于行政登记的行为负责。公民明知法人或者其他组织使用其身份证件进行行政登记却未提出异议，并在此基础上从事管理和经营活动的，其后不得以行政登记申请材料上非本人签字为由请求撤销行政登记。卞某向法院提供的“挂名”协议中没有其本人签字，况且在行政登记时也未将该协议向行政机关提供，故不能以“挂名”登记为由请求撤销行政登记。镇江中院遂判决驳回上诉，维持原判。

**【典型意义】**

市场经济既是法治经济，也是信用经济，确保身份真实是构建诚信社会的基石。公民应当遵循诚信原则，依法使用身份证件，不得出租、出借、转让身份证件。法人或者其他组织为特定目的借用他人身份证办理投资者、法定代表人等“挂名”登记，一旦经营出现问题，出借身份证的公民可能面临法律风险。公民明知出借身份证是用于行政登记，仍然出借身份证并配合办理行政登记的，应当对其行为负责，而不得以行政登记中的签字非其本人书写或者仅是“挂名”登记为由请求撤销行政登记，否则将纵容“挂名”登记行为，损害社会信用体系根基。公民应当妥善保管自己的身份证件，切莫随意出借证件，谨防个人身份信息泄露及身份证被违法违规使用，产生不必要的法律风险或责任。

**5. 衡某诉某镇政府继续履行行政协议案**

**【裁判要旨】**

行政补偿协议签订后，行政相对人将养殖场交付统一拆除，已经全面履行协议义务，行政管理目的亦已实现。此时，行政机关拒不支付补偿款有违诚信原则。行政相对人主张行政机关应当按照行政补偿协议约定继续履行协议内容并承担违约责任的，人民法院应予支持。

**【基本案情】**

衡某系某镇村民，经转让获得案涉养殖场，内有猪圈及其他附属设施，从事养殖生产。2019 年 11 月，某镇政府发布环境整改方案，对某村周边养殖污染问题提出整改措施，要求彻底关停畜禽养殖企业。后某镇政府委托评估公司对衡某经营的养殖场进行估价。2020 年 2 月，第三人某村委会和衡某签订猪圈及附属物拆迁协议，约定了拆迁程序、补偿价款、违约责任等内容。后衡某将养殖场交付拆除，但某镇政府未支付拆迁补偿款。衡某提起诉讼，请求某镇政府履行协议并支付补偿款及违约金。

**【裁判结果】**

淮安市清江浦区法院一审认为，案涉协议形式上虽然是由某村委会签订，其实质仍是某镇政府委托某村委会代为签订，镇政府依法负有补偿责任。村委会与衡某签订本案协议，对拆迁补偿事宜作出明确约定，且猪圈及附属物已由衡某依据协议交付拆除，镇政府关停养殖场的行政管理目的已经实现，故本案协议并不存在合同无效的情形。镇政府以其并非协议签订主体主张协议无效，拒不履行支付拆迁补偿款，既无法律依据，亦有违诚信原则；因协议中约定了违约金条款，淮安市清江浦区法院遂判决某镇政府向衡某支付拆迁补偿款及违约金。某镇政府不服提起上诉，淮安中院二审判决驳回上诉，维持原判。

**【典型意义】**

行政机关为实现行政管理目的，与行政相对人签订、履行行政协议应当以诚信为前提。中共中央、国务院在《法治政府建设实施纲要（2021—2025 年）》中明确要求加快推进政务诚信建设，健全政府守信践诺机制。国务院在《全面推进依法行政实施纲要》中也明确将“诚实守信”作为依法行政的基本要求，在《关于加强政务诚信建设的指导意见》中亦要求各级政府充分发挥在社会信用体系建设中的表率作用，进一步提升政府公信力。政府诚信施政，有利于更快带动全社会诚信意识的树立和诚信水平的提高。本案中，人民法院在查明事实基础上，准确适用法律，通过司法裁判推动政府兑现向行政相对人依法作出的承诺，有利于促进政府守信践诺，推动法治化营商环境建设。

**6. 徐某某、潘某诉某区卫健委医疗美容处罚案**

**【裁判要旨】**

具有医师执业资格的人员登记开办医疗美容诊所、申领《医疗机构执业许可证》，并通过约定合作方式提供医疗美容诊所场地及《医疗机构执业许可证》给其他美容院开展医疗美容项目，美容院的经营者定期向执业医师支付费用，但执业医师不实际参与医疗美容项目操作，卫生行政部门认定此种情形"名为合作经营、实为租借《医疗机构执业许可证》"并作出行政处罚的，人民法院应予支持。

**【基本案情】**

2015年12月，某医疗美容诊所取得《医疗机构执业许可证》，登记的主要负责人为徐某某(具有医师执业资格)，诊疗科目为医疗美容科、美容外科。该医疗美容诊所成立后，某美容院的经营人员潘某负责该医疗美容诊所经营用房的租赁、装修以及各类人员招聘管理、工资发放、药品采购等一切经营活动，案涉医疗美容诊所与美容院门店相连，不设置门头招牌，美容院需要做医疗美容项目的客户均被带至该医疗美容诊所，由潘某安排的人员做手术。潘某与徐某某约定徐某某每月做6台手术，但徐某某实际做手术次数每月不足6台，绝大多数手术由不具备医师执业资格的人员实施，均无手术记录。2016年至2019年，潘某每年年初向徐某某支付40万元。2020年年初，某区卫健委根据公安机关移送的线索，对该医疗美容诊所调查处理。查处中，徐某某、潘某提交二人于2018年4月签订的《合作经营协议》，主张双方是合作经营关系。某区卫健委经调查询问和履行法定程序后，于2020年5月作出行政处罚，认定徐某某出借《医疗机构执业许可证》、潘某未取得《医疗机构执业许可证》擅自执业，决定对二人没收违法所得并处罚款。徐某某、潘某不服提起诉讼，请求撤销该行政处罚。

**【裁判结果】**

徐州铁路运输法院一审判决驳回徐某某、潘某的诉讼请求后，二人不服提起上诉。徐州中院二审认为，徐某某提供登记在其名下的医疗美容诊所场地及其《医疗机构执业许可证》供潘某使用，并按年收取固定费用，潘某组织相关人员在该医疗美容诊所开展医疗美容活动，并负责诊所经营期间的人员管理、财务管理、业务经营、风险处理等全部事务，二人之间不符合共同投资、共享利润、共担风险的合作经营关系，应认定"名为合作经营、实为租借《医疗机构执业许可证》"。某区卫健委依据当时有效的《医疗机构管理条例》(2016年版)第二十三条规定,认定徐某某出借《医疗机构执业许可证》;依据《卫生部关于对非法采供血液和单采血浆、非法行医专项整治工作中有关法律适用问题的批复》第一条规定,认定潘某未取得《医疗机构执业许可证》擅自执业,并依据《医疗机构管理条例》作出行政处罚决定,并无不当。徐州中院遂判决驳回上诉,维持原判。

【典型意义】

医疗美容活动关涉人民群众身体健康和生命安全。根据《医疗美容服务管理办法》的规定,实施医疗美容项目必须在相应的美容医疗机构或开设医疗美容科室的医疗机构中,由主诊医师负责或在其指导下实施。美容机构开展医疗美容服务,必须经卫生行政部门登记注册并获得《医疗机构执业许可证》后方可开展执业活动。本案中,美容机构与具有医师执业资格的人员合作,为消费者提供医疗美容服务,法院在查明某医疗美容诊所的实际经营情况、合作双方权利义务关系等事实的基础上,依据《医疗机构管理条例》《医疗美容服务管理办法》等规定,认定案涉合作模式的真实性质,依法支持卫生行政部门作出的"名为合作、实为租借"的认定,既有力打击租借医疗资质、扰乱医疗美容市场秩序的违法行为,又教育引导广大消费者在接受医疗美容服务时辨别资质、防范风险。

**7. 祁某某诉某县资规局代履行费用行政处理案**

【裁判要旨】

海域使用权终止,原海域使用权人逾期拒不拆除用海设施和构筑物的,由所在地县级以上人民政府海洋行政主管部门委托有关单位代为拆除,由此产生的合理费用应当由原海域使用权人承担。

【基本案情】

2018年6月,因祁某某的海域使用权证书养殖用海期限届满,原某县海洋与渔业局发布公告,对该海域使用权证书依规予以注销。因祁某某在其海域使用权终止后未按规定拆除用海设施和构筑物,某县资规局先后作出《责令停止违法行为通知书》《行政决定书》《履行行政决定催告书》等,要求祁某某限期拆除其用海设施和构筑物。祁某某未在规定期限内自动履行,某县资规局遂作出《行政强制执行决定书》《代履行决定书》,并委托第三方实施了拆除行为。其后,某县资规局作出《代履行费用追缴决定书》,要求祁某某支付代履行费用。祁某某提起行政诉讼,要求撤销《代履行费用追缴决定书》。

【裁判结果】

南京海事法院一审认为,依据《海域使用管理法》规定,某县资规局对其行政区毗邻海域使用负有监管职责。某县资规局责令祁某某限期拆除其用海设施和构筑物,祁某某逾期拒不拆除,某县资规局委托第三方代履行的行为，符合《海域使用管理法》《行政强制法》的相关规定，其作出的关于追缴代履行费用的决定，事实清楚，程序合法，适用法律正确。案涉代履行费用数额经某工程项目咨询管理公司结算审核，有工程结算审核报告、拆除施工单位盖章的费用明细表、工程结算审定单等证明，可以认定是在合理的范围内。南京海事法院遂判决驳回祁某某的诉讼请求。祁某某不服提起上诉，江苏高院二审判决驳回上诉，维持原判。

【典型意义】

非法占海、围海、填海是我国近海生态遭受破坏的重要原因，国家环保部门明令“退渔还湿”，且案涉海域位于湿地珍禽国家级自然保护区范围内。祁某某在其海域使用权终止后仍非法占用海域，不仅违反《海域使用管理法》的相关规定，也破坏了海洋生态环境。祁某某负有排除妨碍、恢复原状、限期治理等义务。《海域使用管理法》亦对原海域使用权人在其海域使用权终止后、非法占用海域的行为作出专门规定，明确原海域使用权人逾期拒不拆除用海设施和构筑物的，由所在地县级以上地方人民政府海洋行政主管部门委托有关单位代为拆除，所需费用由原海域使用权人承担。人民法院支持行政机关依据《海域使用管理法》第四十七条的规定依法追缴代履行费用，督促义务人主动履行拆除义务，为行政机关依法履行海洋环境保护职责提供有力司法支持，是落实习近平生态文明思想的生动实践。

**8. 某刻章服务部诉某市行政审批局政府采购行政协议案**

【裁判要旨】

政府采购活动应当依法平等对待各类市场主体，有多种政府采购方式或者服务方式可供选择的，应当选择有利于增进公平竞争的方式，维护市场在公共服务领域资源配置中的决定性作用，保障市场主体公平竞争。政府采购合同侵害市场主体公平竞争权的，人民法院应当依法确认无效。

【基本案情】

为压缩企业开办时间，某市行政审批局决定由财政出资为新开办企业刻制印章一套。六家印章刻制单位报名参加，经竞争性谈判、专家评审等程序后，某市行政审批局分别与某文印社等三家印章刻制单位签订政府采购合同，允许合同相对方即上述三家单位利用政务服务大厅这一公共资源经营印章刻制业务，同时确定了印章的形状、规格、品牌、定价、服务期限等内容，约定上述三家单位在服务大厅承揽其他自费印章刻制业务的，提供的印章质量必须符合相关技术参数。未进入政府采购服务名单的某刻章服务部认为案涉政府采购合同严重影响其正常业务，提起本案行政诉讼，请求判决撤销政府采购合同，并责令停止三家印章刻制单位在服务大厅从事印章刻制业务。

【裁判结果】

一审法院判决撤销某市行政审批局与三家供应商签订的政府采购合同，责令该局于判决生效之日起立即停止履行政府采购合同。某市行政审批局及三家印章刻制单位提起上诉。南通中院二审认为，被诉政府采购合同具有明显的公共利益指向和行政职权因素，属于人民法院行政诉讼的受案范围。某市行政审批局未严守职权法定的行为边界，签订政府采购合同妨碍了市场主体双向选择商品和服务的权利，限制了市场主体确定商品和服务价格的权益，剥夺了市场主体竞争交易的机会，损害了市场主体平等交易的地位，对当地印章刻制行业的市场公平竞争秩序带来明显不利的影响，有违《政府采购法》《反垄断法》《优化营商环境条例》等法律法规的立法精神。对于行政协议存在《行政诉讼法》第七十五条规定的重大且明显违法情形的，人民法院应当确认无效。因被诉政府采购合同的订立、履行及合同内容违反法律、行政法规强制性规定，事实上造成隐形垄断和限制、排除市场竞争，南通中院遂撤销一审判决，改判确认政府采购合同无效。

【典型意义】

公平竞争是市场机制高效运行的重要基础，依法平等对待各类市场主体，保障竞争机会均等、竞争手段公平，是加快建设全国统一大市场、优化营商环境的应有之义。实践中，一些地方政府为压缩企业开办时间，将少数几家印章刻制单位引入政务服务大厅，变相指定印章刻制服务。由于技术手段相近，市场容量有限（新开办企业的印章刻制业务占刻章市场的绝大部分），上述做法人为影响印章刻制单位之间的公平竞争秩序，对未能进场的市场主体合法权益造成严重损害。生效判决为保护印章刻制主体的公平竞争权树立了裁判标杆，对于引导行政机关在“放管服”改革中坚守法治理念和系统思维具有重要意义，受到理论界、实务界和相关行业协会广泛好评。《人民法院报》以《小印章采购案彰显大公平》对本案予以整版报道。

**9. 杨某某诉某公安分局不履行对教师教育惩戒行为处罚案**

【裁判要旨】

教师为维护正常的教学秩序，对违规违纪学生进行的管理、训导或其他矫治方式，未超过教育管理的合理边界，不属于《治安管理处罚法》调整范畴。学生或家长不满教师教育惩戒行为向公安机关报案，后以公安机关不履行对教师立案查处职责为由提起诉讼的，人民法院不予支持。

【基本案情】

杨某某在校期间因排队等事宜与同学多次争执并发生肢体冲突，甚至出现打同学耳光等过激行为。事件发生后，杨某某与班级其他同学关系恶化，学习成绩明显下降，多次不完成作业。为此，杨某某的班主任陈某某认为杨某某不再适宜担任班长并予以更换;同时,陈某某先后对杨某某实施了罚抄、罚站、停课等惩戒措施。杨某某的家长不服,向某公安分局报案要求查处陈某某区别对待以及对杨某某罚抄、罚站、撤销职务等违法行为。某公安分局经调查,认为合理的罚抄、罚站等行为不属于《治安管理处罚法》调整范畴,未对陈某某作出处理。杨某某不服诉至法院,要求确认某公安分局不作为违法,责令该局履行法定职责并赔偿损失。

**【裁判结果】**

泰州市海陵区法院一审判决驳回杨某某的诉讼请求,杨某某不服提起上诉。泰州中院二审认为,教育惩戒行为是学校和老师对违规违纪学生进行管理、训导或者以规定方式予以矫治,促使学生引以为戒、认识和改正错误的教育行为,其实质是学校和教师基于教育目的实施的内部教学管理活动。对于教育惩戒行为有异议的,学生或家长可以向学校或者教育行政管理部门投诉、举报,由学校或教育行政主管部门通过内部程序予以纠正。本案中,班主任陈某某采取罚抄、罚站、撤销职务等教育惩戒行为,上述措施与杨某某的过错程度相适应,并不具有伤害、报复杨某某的故意,亦未造成人身伤害等后果,不属于《治安管理处罚法》调整范畴,某公安分局经调查后未对陈某某作出处理,符合法律规定。泰州中院遂判决驳回上诉,维持原判。

**【典型意义】**

教育是全社会的责任,全社会都应为教育活动创造优良环境。传授、管理、训导、惩戒是教育的必备手段和应有之义。实践中,因一些家长爱子心切、与教师在教育理念上存在差异等因素,教师实施的教育惩戒行为容易成为社会关注的焦点,导致不少教师面对违规违纪学生不敢管、不能管、不愿管,长此以往不利于学生的健康成长和良好教学秩序的建立。学校和教师在履行教育教学和管理职责过程中,在合理限度内对违规违纪学生采取劝导、诫勉、惩戒等措施予以纠正,既是《中小学教育惩戒规则(试行)》等教育法律规范赋予学校和教师的职权,同时也是学校和教师应尽的义务。本案中,人民法院以司法裁判的方式对于教师合理使用教育惩戒权划出了"标尺",期望共同构建多元主体参与、合力落实教育责任的良好社会环境。《人民法院报》《新华日报》等媒体对本案予以报道。

### 10. 某林业开发公司行政补偿及关联民事争议实质化解案

**【裁判要旨】**

对于具有实质化解可能性的涉诉行政争议,人民法院应当在查清事实、深入研判的基础上,主动引导出庭应诉的行政机关负责人围绕当事人的核心诉求开展实质化解、联动化解工作,努力用最少的程序实现涉诉争议的"一揽子"彻底解决。

【基本案情】

2004年3月,某林业开发公司与某市水务局下属的堤闸管理所签订为期15年的《海堤绿化工程承包合同》。后该公司承包的林地被划为省级生态公益林保护范围,其依据《江苏省省级森林生态效益补偿资金管理办法》(以下简称《管理办法》)向某市资规局申请生态效益补偿资金。根据《管理办法》第七条的规定,省级补偿资金的补助对象根据林权权属、经营管理主体确定为国有单位、乡镇、村集体、集体林场等单位。此外,其他有合同约定的按照合同约定执行,没有合同约定的由县级人民政府核定。市资规局认为该公司不符合补偿对象的要求。该公司向法院提起诉讼,请求判令市资规局向其给付生态效益补偿资金。

东台市法院受理案件后,考虑到某林业开发公司虽未与堤闸管理所就省级公益林管护进行专门的合同约定,但该公司多年来实际承担了省级公益林的保护管理工作,符合省级森林生态效益补偿资金补助的实质要件;同时法院通过调查了解,发现该公司近年来拖欠堤闸管理所土地占用补偿费用,导致本案行政和民事争议交织,化解难度较大。在庭审中,法院主动引导出庭应诉的某市资规局负责人就涉诉争议化解发表意见;在庭后继续建议出庭应诉的负责人牵头组织当地财政、水务等部门进行会商,并将堤闸管理所引入本案协同化解。最终在厘清各方当事人各自的合理诉求后,法院促成某市资规局、某林业开发公司、堤闸管理所三方就生态效益补偿资金所涉事项签订和解协议,对生态效益补偿资金的数额、发放流程以及抵扣相应的土地占用补偿费用等进行约定。后该公司向法院申请撤诉并被裁定准许,案涉行政争议及关联民事争议得到实质性化解。

【典型意义】

修订后的《行政诉讼法》将行政机关负责人出庭应诉制度以立法形式予以确定,《最高人民法院关于行政机关负责人出庭应诉若干问题的规定》明确"行政机关负责人出庭应诉的,应当就实质性解决行政争议发表意见"。行政机关负责人"出庭"仅是这项制度的第一步,而"出声""出效果"才能发挥出这项制度的独特功能,这不仅可以缓和行政相对人与行政机关之间的对立情绪,还可以依托负责人的决策协调优势促进涉诉争议的实质性化解,符合《行政诉讼法》的立法目的。本案中,东台市法院精准总结案件争议焦点并充分释法说理,为双方实现平等对话创造了良好条件。某市资规局负责人不仅出庭应诉,且在庭后根据法院建议围绕行政相对人的核心诉求,组织多部门会商,并将相关第三方民事主体引入争议实质化解程序,在法律框架内"一揽子"彻底解决案件争议,充分保护了行政相对人的合法权益,体现了司法与行政的良性互动,实现行政机关负责人出庭出声出效果。

# 李衡诉江苏五星电器有限公司买卖合同纠纷案

（2023）参阅案例4号

**【裁判摘要】**

家用电器的生产日期属于消费者知情权范围。经营者销售家用电器“库存机”，未主动告知电器的真实情况，侵犯了消费者的知情权和自主选择权，消费者主张免费更换相同型号新电器的，人民法院应予支持。

**【相关法条】**

《中华人民共和国消费者权益保护法》第八条　消费者享有知悉其购买、使用的商品或者接受的服务的真实情况的权利。

消费者有权根据商品或者服务的不同情况，要求经营者提供商品的价格、产地、生产者、用途、性能、规格、等级、主要成份、生产日期、有效期限、检验合格证明、使用方法说明书、售后服务，或者服务的内容、规格、费用等有关情况。

第九条　消费者享有自主选择商品或者服务的权利。

消费者有权自主选择提供商品或者服务的经营者，自主选择商品品种或者服务方式，自主决定购买或者不购买任何一种商品、接受或者不接受任何一项服务。

消费者在自主选择商品或者服务时，有权进行比较、鉴别和挑选。

第二十条　经营者向消费者提供有关商品或者服务的质量、性能、用途、有效期限等信息，应当真实、全面，不得作虚假或者引人误解的宣传。

经营者对消费者就其提供的商品或者服务的质量和使用方法等问题提出的询问，应当作出真实、明确的答复。

经营者提供商品或者服务应当明码标价。

【点评】

消费者对其购买、使用的商品或者接受的服务享有知情权和自主选择权。本案系经营者未及时告知消费者销售的空调是“库存机”而引发的消费纠纷，涉及家用电器的生产日期是否属于消费者知情权范围的问题。空调等家用电器作为人们生活中重要的消费品，虽然不同于对生产日期有着较高要求的食品，但也有一定的安全使用年限，超期使用会带来安全隐患。2020年1月，中国家用电器协会公布了《家用电器安全使用年限》系列标准，明确了冰箱、空调、洗衣机、吸油烟机、燃气灶等多个电器安全使用年限。其中，空调的安全使用年限为10年，从生产日期计起，其余电器从销售日期计起。本案中，经营者在未告知消费者的情况下，出售生产于三年前的“库存机”，明显超出消费者基于实物样品对涉案空调生产日期产生的可预期信赖，影响了消费者的使用体验。法院认定空调生产日期属于消费者知情权的范围，经营者未尽到告知义务，侵犯了消费者的知情权和自主选择权，并判决经营者免费更换新机，切实维护了广大消费者的合法权益。本案对于今后处理类似消费纠纷具有一定的参考价值。

原告：李衡，女，1977年出生，汉族，住南京市鼓楼区。

被告：江苏五星电器有限公司，住所地南京市中山北路。

原告李衡因与被告江苏五星电器有限公司（以下简称五星电器）买卖合同纠纷一案，向南京市秦淮区人民法院提起诉讼。

原告李衡诉称：李衡于五星电器新街口店订购富士通将军品牌空调四台，四台空调原总价32460元，共折扣12160元，李衡实际支付共20300元。在安装时李衡发现，其中一台空调制造日期为2016年7月，是三年前的“库存机”。其后，李衡多次至五星电器新街口店交涉，要求更换，但案涉门店一直推诿，对李衡主张不予理会。李衡认为，消费者享有知悉其购买、使用的商品或者接受的服务的真实情况的权利。对于空调这类更新迭代较快的家用电器类产品，其生产日期是消费者在选购商品时重点关注和购买的依据。本案中，五星电器新街口店在向李衡销售空调时并未告知其送货安装的是“库存机”，李衡基于对五星电器卖场品牌信赖而直接订购，其后五星电器却将“库存机”进行送货、安装，严重侵犯了李衡作为消费者的合法权益，故诉至法院，请求判令：（1）五星电器为李衡将2016年7月生产的ASPA50LXCA型号空调更换为新机；（2）五星电器向李衡支付维权的合理费用5000元,并承担更换新机发生的拆机、装机费用。

被告五星电器辩称:第一,李衡要求更换新机无法律依据。原、被告签订的空调买卖合同是双方自由意志的体现,且五星电器已经交付,并在李衡确认下安装,所有信息均是公开的。第二,根据《中华人民共和国民事诉讼法》的规定,李衡要求支付合理费用,必须提供证据加以证明,而举证期内李衡并没有提供相应的合理费用支出情况和依据,该项诉求不应予以支持。综上,请求驳回李衡的诉请。

南京市秦淮区人民法院经审理查明:

2019年6月9日,原告李衡从被告五星电器新街口门店处订购富士通将军品牌空调四台,其中:ASPG35LLCA型号三台,售价5490元/台;ASPA50LXCA型号一台,售价15990元/台,四台空调原总价32460元,共折扣12160元,李衡实际支付共20300元,其中案涉空调型号为ASPA50LXCA,用券金额为4690元,实际成交价为11300元。2019年11月12日,五星电器安排人员上门为李衡安装四台空调。李衡为安装空调预埋管线支出2000元费用,在安装时支付500元安装费。但在安装时,李衡发现型号为ASPA50LXCA的空调制造日期为2016年7月。随后,李衡立即至五星电器门店进行交涉沟通,要求更换一台ASPA50LXCA型号空调新机,但案涉门店不同意。故李衡诉至法院。

南京市秦淮区人民法院审理认为:

根据《中华人民共和国消费者权益保护法》的相关规定,消费者享有知悉其购买、使用的商品或者接受的服务的真实情况的权利,包括商品生产日期;消费者享有自主选择商品或者服务的权利,有权进行比较、鉴别和挑选;经营者向消费者提供有关商品或者服务的质量、性能、用途、有效期限等信息,应当真实、全面,不得做虚假或者引人误解的宣传。本案中,原告李衡于2019年6月9日从被告五星电器处购买案涉空调时,五星电器并未告知李衡该空调的生产日期距其购买时已近三年。虽然对于生产日期远近与空调的质量问题并无必然联系,但对于普通消费者购买心理来说,其对产品生产日期这一重要因素是存在合理期待的,对此应享有知情权。而五星电器作为销售者在向李衡销售生产日距其购买时已达三年的产品时,也负有告知的义务。

虽然在原告李衡购买时国家并未颁布有关空调的强制性安全使用年限标准,但其作为一种工业产品及家庭使用电器,仍应具有合理的使用年限,超期使用会给消费者带来安全隐患,有可能存在引发电器短路进而引起火灾、爆炸等风险。且空调出厂后即便存放未启用,亦可能存在长期库存导致的电路板线路老化、漏电、冷媒泄露、性能下降等一系列潜在危害。

被告五星电器向原告李衡销售生产日

期为2016年7月案涉空调的行为，损害了李衡作为消费者的知情权与选择权，对李衡今后的空调使用产生潜在危害，现李衡要求五星电器将案涉空调更换为新机，符合法律规定，依法予以支持。但考虑到空调生产、运输、销售、安装等环节对时间的需求，及李衡购买时间与安装时间等延长，对于李衡主张的新机生产日期可结合一般消费习惯及心理期待，酌定为2020年1月1日之后生产的产品。对于李衡要求五星电器赔偿5000元损失的诉请，法院认为，李衡提交的证据虽证明系为安装空调所产生，但因李衡要求更换新机且需要继续安装使用，故其费用不应作为损失进行认定，对于该项诉请，依法不予支持。但五星电器为李衡更换新机时需要拆除原机、安装新机，且拆装责任的产生在于五星电器，故五星电器应免费为李衡提供拆装机服务。

综上，依照《中华人民共和国消费者权益保护法》第八条、第九条、第二十条、第四十八条，《中华人民共和国民事诉讼法》第六十四条第一款、第一百四十二条的规定，南京市秦淮区人民法院于2020年8月31日作出(2020)苏0104民初511号民事判决：

一、被告江苏五星电器有限公司于判决发生法律效力之日起十日内，为原告李衡更换型号为ASPA50LXCA的空调一台(生产日期为2020年1月1日之后)，且被告江苏五星电器有限公司更换上述新机时需免费负责为原告李衡拆除原机并安装新机。

二、驳回原告李衡的其他诉讼请求。

一审宣判后，双方当事人均未上诉，一审判决已经发生法律效力。

案例报送单位：南京市秦淮区人民法院
一审独任审判员：王小娣
报送人：王小娣
**审稿人：卢燊绅**

# 丁某某诉季某某、兴化市某舞蹈艺术培训中心等教育机构责任纠纷案

（2023）参阅案例5号

**【裁判摘要】**

因教育培训机构教学需要，无民事行为能力人的监护人无法实际履行监护职责，教育培训机构因自身原因未履行对无民事行为能力人的监督、管理和保护职责，导致无民事行为能力人在教育培训机构学习、生活期间，对他人实施帮助行为致人损害，且无民事行为能力人主观上没有伤害故意，客观上不具备预见帮助行为可能导致损害的认知能力的，应当由教育培训机构承担侵权责任。

**【相关法条】**

《中华人民共和国民法典》第八条（本案适用的是《中华人民共和国民法总则》第八条）　民事主体从事民事活动，不得违反法律，不得违背公序良俗。

第一千一百六十五条第一款（本案适用的是《中华人民共和国侵权责任法》第六条第一款）　行为人因过错侵害他人民事权益造成损害的，应当承担侵权责任。

**【点评】**

乐于助人是中华民族的传统美德。未成年人因好意互助行为造成他人损害的，是否承担侵权赔偿责任，应当根据最有利于未成年人保护的原则，结合具体案情作出裁判。本案中，因舞蹈培训中心规定上课期间未经老师许可，家长不得进入教室，导致所有未成年学员家长在上课期间的监护责任无法实际履行。二审法院综合考虑事发的场所、期间、培训机构相关管理措施、未成年人季某某的行为方式、主观心态、认知能力等情况，认定行为人季某某不具有过错，对于丁某

某的损害无须承担赔偿责任，教育培训机构未能尽到监督、管理和保护职责，应当承担侵权赔偿责任。本案裁判将法理情高度融合，就对与错、赔与不赔等是非问题予以明确回应，充分发挥司法裁判的规范指引作用，鼓励未成年人互助友爱。通过“小案件”阐释“大道理”，传递了向上向善的法治正能量。

原告：丁某某，女，2013 年出生，汉族，住兴化市。

法定代理人：张某（系原告丁某某之母），女，1988 年出生，汉族，住兴化市。

被告：季某某，女，2013 年出生，汉族，住兴化市。

法定代理人：季某甲，系被告季某某之父。

被告：季某甲（系被告季某某之父），男，1988 年出生，汉族，住兴化市。

被告：王某（系被告季某某之母），女，1987 年出生，汉族，住兴化市。

被告：兴化市某舞蹈艺术培训中心，住所地兴化市。

原告丁某某因与被告季某某、季某甲、王某、兴化市某舞蹈艺术培训中心（以下简称某舞蹈中心）教育机构责任纠纷一案，向兴化市人民法院提起民事诉讼。

原告丁某某诉称：原告在被告某舞蹈中心处接受舞蹈培训时，因某舞蹈中心管理不善，被告季某某的行为致使训练中的原告在下腰时受伤。因被告拒绝赔偿，故诉至法院请求判令：(1)季某某、季某甲、王某赔偿医疗费、住院期间护理费、后期护理费、精神抚慰金等各项损失合计 2141925.6 元，因某舞蹈中心已赔偿 515000 元，故要求赔偿 1626925.6 元，后期发生的费用待实际发生后另行主张；(2)某舞蹈中心承担连带责任。

被告季某某、季某甲、王某辩称：(1)季某某在该起事件中没有过错，不承担赔偿责任。(2)医药费由法庭核定，住院伙食补助费、营养费、住院期间护理费、后期护理费、残疾赔偿金无异议，精神抚慰金、交通费、住宿费、康复用品费用由法庭酌定，鉴定费的真实性无异议，但无关联性。

被告某舞蹈中心辩称：(1)某舞蹈中心系经依法登记的合法机构，原告丁某某在其处参加舞蹈培训是事实，但其不承担监护责任，某舞蹈中心要求家长配合管理学生并申报身体情况，并已教导学员注意事项，管理上没有过错。(2)家长对参加舞蹈培训的风险是明知的，各学员身体也存在差异，且丁某某的损伤系被告季某某的直接行为所致，不应由某舞蹈中心承担赔偿责任。(3)医疗费由法庭审核，住院伙食补助费、营养费、住院期间护理费、后期护理费、残疾赔偿金、住宿费、康复用品费用、鉴定费无异议，精神抚慰金由法庭酌定，关于交通费，前期某舞蹈中心经常陪同就医，是由某舞蹈中心支付的，且某舞蹈中心已垫付50多万元费用。

兴化市人民法院一审经审理查明：

被告某舞蹈中心系经兴化市教育局批准成立的民办非企业单位，业务范围为：青少年舞蹈艺术培训。被告季某某、原告丁某某分别于2017年2月、2017年5月到某舞蹈中心学习少儿中国舞蹈。2018年12月15日下午4时50分，丁某某与季某某在该舞蹈中心上舞蹈课，课程内容为中国舞的基本功练习。根据某舞蹈中心规定，学员在教室上课时，家长不得进入教室，可在等待区域通过监控视频察看教室内孩子练习情况。事故发生当天，学员为19人（年龄均在5周岁左右），分为三排站立，教室地板为强化木地板，每名学员均站在瑜伽垫上练习，由一名专业舞蹈老师徐某（中国舞蹈家协会的注册舞蹈教师）上课。丁某某、季某某站在第三排，季某某站在丁某某右侧。到下半节课时，老师认为其中三名学员（含季某某）没有达到下腰基本功能力水平，可以不练习下腰外，要求其他16名学员练习下腰动作，当老师要求学员下腰起身时，包括丁某某在内有部分学员未能及时起身，当站在旁边看着同学下腰的季某某发现丁某某未能及时起身时，走到丁某某身前，将丁某某撑在地上的双臂拉起，致丁某某后背着地，跌坐在地上，丁某某随即表现出不适，当时老师正在第二排帮助未能及时起身的学员，背对着丁某某、季某某，并未察觉上述情况。在学员练习下腰动作后不久，舞蹈课下课，当丁某某母亲走进教室，帮丁某某穿衣服时，丁某某哭泣。当晚，丁某某感觉下肢疼痛，家长立即送其至兴化市中医院、兴化市人民医院进行检查，次日至南京市儿童医院住院治疗，住院时间为2018年12月16日至2018年12月21日，出院诊断为胸腰部脊髓损伤；2018年12月21日，丁某某转至南京紫金医院进行康复治疗，住院时间为2018年12月21日至2019年2月26日，出院诊断为胸腰部脊髓损伤；2019年2月25日，丁某某转至江苏钟山老年康复医院，住院时间为2019年2月25日至2020年3月9日，出院诊断为：（1）脊髓损伤；（2）截瘫；（3）神经源性膀胱；（4）神经源性肠。期间某舞蹈中心还陪同丁某某至上海等医院就诊，先后给付丁某某526205元。

2020年4月3日，经原告丁某某申请，法院委托江苏大学司法鉴定所对丁某某损伤后的伤残程度、误工期、护理期、营养期、护理依赖及护理人数进行法医学鉴定。2020年6月7日，该机构出具江大司鉴所〔2020〕临鉴字第180号司法鉴定意见书，鉴定意见为：（1）被鉴定人丁某某因外伤致胸腰部脊髓损伤导致截瘫（双下肢肌力1级）伴重度排便功能障碍与重度排尿功能障碍已构成人体损伤一级伤残；(2)被鉴定人已完全丧失劳动能力，故无须评价其误工期，护理期建议为长期护理，护理人数建议为1人，营养期建议为450天；(3)被鉴定人的护理程度为大部分依赖护理。

兴化市人民法院一审审理认为：

公民的健康权受法律保护。无民事行为能力人在幼儿园、学校或者其他教育机构学习、生活期间受到人身损害的，幼儿园、学校或者其他教育机构未尽到教育、管理职责的，应当承担责任。

被告某舞蹈中心系民办，经营范围为青少年舞蹈艺术培训，其所承担的责任应当等同于侵权责任法中的教育机构责任。原告丁某某出生于2013年，事发时系无民事行为能力人，某舞蹈中心作为舞蹈教育管理者，在丁某某到某舞蹈中心学习舞蹈期间，对丁某某负有教育、管理、保护职责，特别是某舞蹈中心为便于管理，不允许学生家长进入教室，这更加重了某舞蹈中心的保护职责。从法院查明的情况来看，虽然丁某某、季某某所在的舞蹈班学员大都经过一年多时间的专业培训，但学员毕竟均为无民事行为能力人，下腰作为危险的舞蹈训练动作，在完成该动作时应有成年人在旁看护和扶助。但事发时，某舞蹈中心对19名幼儿仅配备1名专业舞蹈老师，以致不能保证所有幼儿均在老师可控范围之内，当季某某拉起丁某某撑在地上的双臂，致丁某某背部着地时，舞蹈老师未能及时发现及制止，导致事故发生，故某舞蹈中心未能尽到完全的安全防护义务，对本案事件的发生具有明显过错，应承担相应的赔偿责任。

被告季某某虽然属于无民事行为能力人，缺乏对危险的基本认知能力，但是其拉起丁某某撑在地上双臂的行为直接导致丁某某的损伤后果，因丁某某系无民事行为能力人，相应的民事赔偿责任由季某某的监护人被告季某甲、王某承担。

原告丁某某自身对其受伤主观上并无过错或者过失，且在事故发生前，丁某某一直正常参加舞蹈培训，被告某舞蹈中心未能提交证据证明丁某某“隐性脊柱裂”与损害后果的发生存在因果关系，故丁某某依法不应当承担责任。

综合各方过错程度，认定被告季某某、季某甲、王某对原告丁某某的损伤应承担10%的责任，被告某舞蹈中心对丁某某的损伤应承担90%的责任。丁某某损失认定为2114847.21元，由季某甲、王某赔偿2114847.21元×10% =211484.7元，由某舞蹈中心赔偿2114847.21元×90% =1903362.5元，扣减某舞蹈中心已垫付的526205元，还需给付1377157.5元。

据此，依照《中华人民共和国侵权责任法》第十六条、第二十六条、第三十二条第一款、第三十八条，《最高人民法院关于审理人身损害赔偿案件适用法律若干问题的解释》第十九条、第二十一条、第二十二条、第二十三条、第二十四条、第二十五条、第二十六条,《中华人民共和国民事诉讼法》第六十四条、第一百四十二条的规定,兴化市人民法院于2020年12月3日作出(2020)苏1281民初1079号民事判决:(一)被告兴化市某舞蹈艺术培训中心于判决生效后三十日内赔偿原告丁某某医疗费、住院伙食补助费、护理费、营养费、残疾赔偿金、精神抚慰金、交通费、住宿费、残疾辅助器具等费用,合计人民币1377157.5元。(二)被告季某甲、王某于判决生效后十日内赔偿原告丁某某医疗费、住院伙食补助费、护理费、营养费、残疾赔偿金、精神抚慰金、交通费、住宿费、残疾辅助器具等费用,合计人民币计211484.7元。

季某某、季某甲、王某、某舞蹈中心不服一审判决,向泰州市中级人民法院提起上诉。

季某某、季某甲、王某上诉称:(1)季某某看到被上诉人丁某某练习下腰动作后未能及时起身,出于善意前去扶助,该行为系救助行为,与损害后果之间不具有法律上的因果关系,季某某不应承担赔偿责任。(2)练习下腰动作时,老师未就相关风险及注意事项作出明示,也未明示学员之间不能相互帮助,故上诉人某舞蹈中心未尽到安全管理义务,应由其承担赔偿责任。综上,请求撤销一审判决,发回重审或依法改判季某某、季某甲、王某不承担赔偿责任。

某舞蹈中心上诉称:(1)某舞蹈中心在培训过程中已尽职管理,不存在过错,承担90%的责任过重。(2)被上诉人丁某某受伤是上诉人季某某自发的行为直接所致,季某某应能认识到自己的行为可能导致丁某某跌倒受伤,如季某某不上前拉起丁某某的手臂,丁某某就不会受伤,故季某某应承担20%~30%的赔偿责任。(3)法院判决某舞蹈中心一次性支付丁某某后期(20年)护理费不合理,应分段给付。综上,请求撤销一审判决,发回重审或改判减轻某舞蹈中心的赔偿责任。

丁某某答辩称:(1)上诉人季某某应清楚丁某某的行为是下腰时的起身动作,也应清楚起身过程中存在一定的危险性,故其上前的行为本身就存在过错,本案也不存在所谓的救助行为,季某某应承担赔偿责任。(2)上诉人某舞蹈中心对于丁某某的受伤存在管理失职,法院确定的责任比例恰当。(3)法院判决一次性给付并不违反法律规定,也综合了本案的相关情况。综上,请求驳回上诉,维持原判。

泰州市中级人民法院经二审,确认了一审查明的事实。

二审中,上诉人季某甲、王某自愿承诺补偿被上诉人丁某某50000元。

泰州市中级人民法院二审审理认为:

本案二审的争议焦点为:(1)承担赔偿责任的主体是谁;(2)后期护理费是一

次性支付还是分段支付。

关于争议焦点一，承担赔偿责任的主体问题。

上诉人某舞蹈中心系经依法注册的青少年舞蹈培训机构，上诉人季某某和被上诉人丁某某同在某舞蹈中心处接受舞蹈技能培训，两人均为无民事行为能力人，因此，某舞蹈中心对上课期间正在进行舞蹈培训的季某某和丁某某应负有完全的监督、管理、保护职责。本案中，在事发当天，某舞蹈中心对于19名无民事行为能力的学员仅配备了1名专业舞蹈老师，在丁某某进行下腰这一危险舞蹈动作训练时，舞蹈老师未提供护腰保护，季某某上前拉起丁某某双臂的行为亦未能及时被发现、制止，某舞蹈中心未能尽到教育、管理和保护职责，依法应对丁某某的人身损害承担赔偿责任。

《中华人民共和国侵权责任法》第六条第一款规定，行为人因过错侵害他人民事权益，应当承担侵权责任。本案中，在上诉人某舞蹈中心一审提交的“新生入学告知书”中载明“除公开课外，上课期间未经老师许可，家长不得进入教室，以免学员分心影响教学效果”，该规定导致所有未成年学员家长在上课期间的监护责任无法实际履行，上诉人季某某、被上诉人丁某某实际均处于某舞蹈中心的监督管理之下。季某某作为丁某某舞蹈班的同学，在丁某某下腰起身困难时，出于帮助同学的善意，自发前去帮助丁某某，该行为不具有违法性，作为无民事行为能力人，季某某主观上没有伤害丁某某的故意，客观上也不具备能够预见其行为可能导致同学丁某某损害的认知能力，故季某某对于丁某某的损害依法不应承担赔偿责任。一审法院认定季某某及其监护人承担赔偿责任，于法相悖，予以纠正。

上诉人季某某的监护人季某甲、王某，出于对被上诉人丁某某受伤的深切同情，在二审中自愿补偿丁某某50000元，体现了中华民族互助友爱的传统美德，对此举深表赞许并予以允许。

综上，上诉人某舞蹈中心应对被上诉人丁某某的人身损害承担赔偿责任。丁某某的损失为2114847.21元，扣减某舞蹈中心已垫付的526205元，某舞蹈中心还需给付1588642.21元。

关于争议焦点二，后期护理费是一次性支付还是分段支付的问题。

后期护理费用以一次性支付为原则，若一次性支付确有困难，在提供相应担保的情况下也是可以而非应当分期支付，本案中，上诉人某舞蹈中心未提供证据证明一次性支付确有困难，亦未提供相应的担保，一审法院综合本案相关情况后判决一次性支付，符合法律规定。

据此，依照《中华人民共和国民事诉讼法》第一百七十条第一款第二项的规定，泰州市中级人民法院于2021年4月

27日作出(2021)苏12民终361号民事判决：

一、撤销兴化市人民法院(2020)苏1281民初1079号民事判决；

二、上诉人兴化市某舞蹈艺术培训中心于判决生效之日起三十日内赔偿被上诉人丁某某医疗费、住院伙食补助费、护理费、营养费、残疾赔偿金、精神抚慰金、交通费、住宿费、残疾辅助器具等费用合计人民币1588642.21元；

三、上诉人季某甲、王某于判决生效之日起三十日内补偿被上诉人丁某某50000元；

四、驳回被上诉人丁某某其他诉讼请求。

案例报送单位：泰州市中级人民法院
一审合议庭成员：陈英姿、陶　润、蔡　薇
二审合议庭成员：孙　辙、叶志军、于　焱
报送人：郑本香、邢晔源
**审稿人：缪　芳**

# 陈武桂诉南京德通汽车服务有限公司劳动合同纠纷案

(2023)参阅案例6号

**【裁判摘要】**

用人单位在行政机关备案的职工录用花名册中包含工作内容、劳动报酬、劳动合同期限等《中华人民共和国劳动合同法》第十七条规定的部分必备内容，且为劳动者缴纳了社会保险的，应当认定用人单位不存在恶意损害劳动者合法权益的行为。在此情况下，劳动者故意不签订书面劳动合同，以未订立书面劳动合同为由主张二倍工资的，人民法院不予支持。

**【相关法条】**

1.《中华人民共和国劳动合同法》第八十二条　用人单位自用工之日起超过一个月不满一年未与劳动者订立书面劳动合同的，应当向劳动者每月支付二倍的工资。

用人单位违反本法规定不与劳动者订立无固定期限劳动合同的，自应当订立无固定期限劳动合同之日起向劳动者每月支付二倍的工资。

2.《中华人民共和国劳动合同法实施条例》第六条　用人单位自用工之日起超过一个月不满一年未与劳动者订立书面劳动合同的，应当依照劳动合同法第八十二条的规定向劳动者每月支付两倍的工资，并与劳动者补订书面劳动合同……

第七条　用人单位自用工之日起满一年未与劳动者订立书面劳动合同的，自用工之日起满一个月的次日至满一年的前一日应当依照劳动合同法第八十二条的规定向劳动者每月支付两倍的工资，并视为自用工之日起满一年的当日已经与劳动者订立无固定期限劳动合同，应当立即与劳动者补订书面劳动合同。

**【点评】**

《中华人民共和国劳动合同法》第八十二条规定的目的在于提高劳动合同的签订率，明晰合同双方权利义务关系，更好地维护劳动者的合法权益。近年来，签订书面劳动合同已成为劳资双方基本共识，用人单位故意不签订书面劳动合同的情形在实践中已鲜少出现。但因劳动者故意不签订书面合同的，用人单位应否支付未签订劳动合同二倍工资差额，并无明确的法律法规规定，实务中也存在一定的争议。本案裁判将用人单位及劳动者的主观意图纳入考量因素，综合考虑双方劳动权利义务的运行状态、劳动关系履行过程中形成文件的法律效果等，认定虽然双方并未签订"书面合同"，但劳动者合法权益已得到实质性的保护，对于劳动者要求用人单位支付二倍工资的主张不予支持。本案是人民法院践行能动司法理念，切实发挥司法裁判的引导作用，促进社会诚信建设的典型案例，确立的裁判规则对于类似案件的处理具有一定参考价值。

原告：陈武桂，男，1971 年出生，汉族，住南京市江宁区。

被告：南京德通汽车服务有限公司，住所地南京市江宁区苏源大道。

原告陈武桂因与被告南京德通汽车服务有限公司（以下简称德通公司）劳动合同纠纷一案，向江宁经济技术开发区人民法院提起诉讼。

原告陈武桂诉称：其于2020年7月1日入职被告德通公司处从事汽车维修工作，双方口头约定每月工资不低于6000元、每周工作6天。工作期间，德通公司没有按规定支付加班工资，也没有依法签订书面劳动合同。双方劳动关系于2021年6月30日解除。请求法院判令德通公司支付：（1）2020年8月至2021年6月未订立书面劳动合同二倍工资差额86033元；（2）2020年7月至2021年6月期间休息日加班工资17990元；（3）2020年7月1日至2021年6月30日未休年假工资1839元及2020年7月至10月的高温费1200元；（4）2021年6月工资不足部分2198元。

被告德通公司辩称：（1）原告陈武桂入职后，公司人事负责人陈某潇即已通知陈武桂签订劳动合同，因陈武桂推诿加之陈某潇的工作疏忽，致双方未签订书面劳动合同，但其已将与陈武桂的劳动关系在社保及劳动就业管理部门进行备案，且为陈武桂办理了社会保险，没有签订书面劳动合同的行为并未损害陈武桂合法权益。另在2020年6月，陈武桂曾以南京捷牛汽车服务有限公司（以下简称捷牛公司）为被申请人，提起仲裁要求捷牛公司支付未订立书面劳动合同二倍工资等并得到支持。故其认为陈武桂推诿不签订书面劳动合同系出于故意，目的就是利用用人单位的管理瑕疵获取不当利益；（2）双方劳动关系存续期间，其已向陈武桂支付加班工资和2021年6月的工资；（3）陈武桂在其处工作满一年时即申请离职，要求支付年休假工资的诉请不符合《职工带薪年休假条例》第三条关于支付该工资的规定要求。德通公司工作场所在室内，且属于开放空间，依据《防暑降温措施管理办法》第三条、第十七条，无须支付高温费。综上，请求驳回陈武桂的诉讼请求。

江宁经济技术开发区人民法院一审经审理查明：

2020年7月1日，原告陈武桂入职被告德通公司，从事汽车维修工作，双方口头约定每周工作六天，每月工资6000元，未订立书面劳动合同。入职当日，陈武桂填写德通公司制式《员工入职登记表》，员工本人填写内容包括个人基本信息、学习培训经历、工作经历、家庭主要成员，公司填写入职日期为2020年7月1日、核定底薪试用期2个月。德通公司提供的《职工录用花名册》上记载了陈武桂的自然情况、社会保障卡号、月缴费基数、就业失业登记证号，且记载双方劳动合同期限自2020年9月至2021年8月31日，岗位工种为维修技师。德通公司于2020年9月16日将录用陈武桂情况向江宁开发区劳动与社会保障所（区就业管理中心）、江宁区劳动与社会保障所（区社保中心征缴科）备案登记并加盖上述两部门印章。2020 年 9 月至 2021 年 6 月,德通公司为陈武桂缴纳社会保险。

2020 年 7 月至 2021 年 6 月被告德通公司员工工资表记载原告陈武桂的工资组成为基本工资、绩效工资、加班费及各项津贴补助。陈武桂 2020 年 7 月至 2021 年 6 月应发工资分别为 6000 元、6000 元、7000 元、6000 元、6347 元、6500 元、6500 元、6500 元、6000 元、6000 元、6000 元、6080 元。出勤天数分别为 26 天、27 天、26 天、23 天、26 天、27 天、26 天、21 天、27 天、25 天、26 天、23 天。2020 年 7 月至 2021 年 5 月工资表均由包括陈武桂在内的所有员工签名。2021 年 6 月工资表陈武桂未签名,德通公司扣除考核扣款 1925 元及社保代扣款 353 元后,向陈武桂实际支付 3802 元。

2021 年 6 月 29 日,原告陈武桂递交其填写的被告德通公司制式《辞职申请书》,载明“因个人原因,家里有事,特此提出辞职,请领导给予批准”,德通公司相关人员审核同意。2021 年 6 月 30 日,陈武桂填写《员工离职登记表》进行离职交接,该登记表载明离职类型为辞职。德通公司于 2021 年 6 月 30 日办理停保手续并填写《南京市终止、解除劳动关系及社会保险关系变更申报花名册》,该名册加盖社会保险管理中心印章,载明德通公司与陈武桂社保关系暂时终止,终止、解除劳动关系时间为 2021 年 6 月 30 日。

另查明,2020 年 8 月、9 月,南京市江宁区气温已达 33 度。

2021 年 7 月 26 日,原告陈武桂向南京市江宁区劳动人事争议仲裁委员会提交仲裁申请,仲裁请求基本同本案诉讼请求,该委于 2021 年 9 月 17 日作出宁宁劳人仲案字〔2021〕第 3533 号终结审理决定书。陈武桂在法定期限内向法院提起诉讼。

对于争议事实,双方陈述和举证质证如下:

关于未订立书面劳动合同情况。被告德通公司提交仲裁申请书、江宁区劳动人事争议仲裁委员会仲裁调解书(宁宁劳人仲案字〔2020〕第 2898 号),证明原告陈武桂曾以南京中企动力人力资源有限公司、捷牛公司未签订书面劳动合同为由获取的调解款中含有二倍工资差额。陈武桂陈述德通公司未通知过其签订劳动合同,德通公司不予认可。

关于加班工资情况。原告陈武桂称除月工资 6000 元外,双方还约定工资 15% 的提成,但在职期间被告德通公司从未发放过提成,因此双方发生争执,其被迫递交辞职申请。德通公司称陈武桂为自愿离职,且双方从未约定 15% 的提成。德通公司主张,工资表均由陈武桂每月签名,工资表上列明了工资结构组成,6000 元月薪中已包含周六加班工资,并列明了加班工资数额，每月的加班费按基本工资3600元为基数计算，其每月向陈武桂展示完整工资表后由陈武桂签名。陈武桂认为签名时其仅能看到工资表的总工资栏和扣除项目，因每月总工资栏上的数额不少于6000元，其予以签字确认，故其不认可德通公司工资表结构组成及加班工资部分。

关于年休假工资和高温费，被告德通公司认可未发放，但原因系原告陈武桂在其处工作未满一年。德通公司陈述陈武桂工作场所位于室内开放空间，无空调但每个工位配备一台电风扇降温。

关于2021年6月工资差额。被告德通公司提交无原告陈武桂签名的2021年6月工资表及考勤表，显示2021年6月陈武桂出勤23天，应支付陈武桂2021年6月工资6080元，扣除考核扣款1925元及社保代扣款353元后，实际支付3802元。德通公司陈述系因陈武桂工作期间损坏客户车辆，故在离职时扣除赔偿款。陈武桂认为其未在2021年6月工资表上签字，故不认可扣除赔偿款。

江宁经济技术开发区人民法院一审审理认为：

本案的争议焦点为：(1)被告德通公司是否应支付未签书面劳动合同二倍工资差额；(2)德通公司是否足额支付原告陈武桂加班工资；(3)陈武桂主张年休假工资和高温费有无依据；(4)德通公司是否足额支付陈武桂2021年6月工资。

关于第一个争议焦点，对原告陈武桂主张的未订立书面劳动合同二倍工资差额，法院不予支持，理由如下：

第一，在主观意图上，被告德通公司对未签书面劳动合同并无故意。本案双方在履行劳动关系过程中，德通公司为原告陈武桂办理人事招录、离职手续，在《职工录用花名册》详细记载劳动者基本情况，《工资表》记载了陈武桂的入职时间、工作岗位、劳动报酬、出勤时间等，德通公司又对双方的劳动关系进行备案登记，并为陈武桂缴纳了社会保险，应认定德通公司对未签订书面劳动合同并无明显故意。

第二，在形式上，达到双方签订了书面劳动合同的效果。虽然本案中涉及的《职工入职登记表》《离职登记表》《职工录用花名册》等文件均没有劳动合同字样，但记载了工作岗位、试用期限、合同期限等内容。被告德通公司在行政机关对双方劳动关系进行备案登记，备案花名册可公开查询，无论是行政部门对劳动就业管理的需要，还是劳动者对其个人在德通公司就职情况的知情需要，均已得到满足。以上书面文件虽然不完全具备法律规定劳动合同的所有条款，但结合劳动关系在行政管理机关的备案登记，可以确认双方当事人之间的劳动关系，已达到书面劳动合同所需的确定双方权利义务的法律效果。

第三，在合同目的实现上，原告陈武桂主张权益并未受阻。法律规定建立劳动关系应当签订书面劳动合同，旨在更好地保护当事人的合法权益，切实发挥书面劳动合同清晰反映劳动者与用人单位间权利义务关系的证据功能，固定当事人权利义务，稳定劳动关系。本案中，被告德通公司一直未否认双方的劳动关系，在仲裁和诉讼过程中，未签订书面劳动合同的形式瑕疵并未影响双方劳动关系存续及权利义务关系的认定，陈武桂的诉讼请求是否得到支持未因缺失形式上的书面合同而受阻。

第四，在法律原则上，民事活动中诚实信用原则应予恪守。用人单位与劳动者均应诚信履行劳动关系。原告陈武桂连续在两家公司工作离职后均以未订立书面劳动合同为由主张二倍工资差额，其在入职被告德通公司后，对劳动合同的法律性质和未签的后果系明知，但未积极主张签订劳动合同以保护自己权益，而是在离职后主张二倍工资差额，异化了该法律条文的目的，与诚信原则不符，不应提倡。

关于第二个争议焦点，2020 年 7 月至 2021 年 6 月的休息日加班工资。对原告陈武桂主张的提成工资，因在劳动关系存续期间未发放过提成，陈武桂也未提交证据证明双方存在提成约定，根据工资发放情况和双方陈述，故对陈武桂陈述存在提成工资的意见，不予采信。双方对陈武桂月工资 6000 元、每周工作 6 天的约定陈述一致，予以采信。被告德通公司提供的工资表虽载明工资项目包含加班费，但双方未以书面劳动合同形式确定基本工资为 3600 元、以 3600 元为基数计算加班工资及加班费计算方式，且工资表系德通公司制作，陈武桂在工资表上签名并不代表双方对工资结构及加班工资计算基数协商一致，故应对德通公司作不利解释，法院认定该 6000 元为陈武桂每周工作 6 天的本薪部分，德通公司应支付另一倍的休息日加班工资。陈武桂主张按照 6000 元 ÷ 26 天计算日平均工资，不违反法律规定，予以支持。参考 2020 年 7 月 1 日至 2021 年 6 月 30 日国家法定工作日天数及陈武桂实际出勤天数，陈武桂 53 个休息日加班。2020 年 7 月 1 日至 2021 年 6 月 30 日，陈武桂休息日加班工资为 12230.77 元（6000 ÷ 26 × 53）。

关于第三个争议焦点，未休年休假工资和高温费。原告陈武桂于 2020 年 6 月从上一家公司离职，于 2020 年 7 月 1 日即入职被告德通公司，故其符合法律规定的支付年休假工资的条件。根据工资发放情况，陈武桂主张未休年休假 5 天的工资 1839 元，不高于法律规定的标准，予以支持。2020 年 8 月、9 月，南京市江宁区气温已达 33 度，陈武桂工作内容为汽车清洗及维修。德通公司未配备空调，仅配备电风扇不属于实施有效降温措施，故德通公司应支付陈武桂高温费600元（300×2）。陈武桂主张2020年7月至10月高温费，予以部分支持。

关于第四个争议焦点，2021年6月工资。被告德通公司应付原告陈武桂2021年6月工资6080元，其未提交证据证明考核扣款1925元的依据，应予补足发放，故对陈武桂要求补足2021年6月工资2198元的诉讼请求，予以部分支持。

依照《中华人民共和国劳动法》第四十四条，《中华人民共和国劳动合同法》第三条、第三十条第一款、第八十二条，《中华人民共和国民法典》第七条，《中华人民共和国民事诉讼法》第六十七条第一款的规定，江宁经济技术开发区人民法院于2022年3月9日作出（2021）苏0191民初7625号民事判决：

一、被告南京德通汽车服务有限公司于判决发生法律效力之日起十日内支付原告陈武桂2020年7月1日至2021年6月30日期间休息日加班工资12230.77元；

二、被告南京德通汽车服务有限公司于判决发生法律效力之日起十日内支付原告陈武桂2020年及2021年未休年休假工资1839元、2020年8月及9月高温费600元；

三、被告南京德通汽车服务有限公司于判决发生法律效力之日起十日内支付原告陈武桂2021年6月欠付工资1925元；

四、驳回原告陈武桂的其他诉讼请求。

一审宣判后，陈武桂提起上诉，后于2022年7月1日向南京市中级人民法院申请撤回上诉。南京市中级人民法院于2022年7月8日作出（2022）苏01民终4314号民事裁定：

准予陈武桂撤回上诉。

案例报送单位：江宁经济技术开发区人民法院

一审独任审判员：冯晓华

二审合议庭成员：冯　驰、王　熠、刘　懿

报送人：冯晓华、程睿哲

**审稿人：缪　芳**

# 石景龙污染环境案

（2023）参阅案例7号

【裁判摘要】

污染环境犯罪中，符合企业合规改革适用案件范围和条件并完成有效合规整改的涉案企业和个人，以企业合规整改合格为由请求从宽处罚的，人民法院经审理认定涉案企业合规整改有效的，可以将合规整改合格作为酌定从宽处罚情节。

【相关法条】

1.《中华人民共和国刑法》第三百三十八条　违反国家规定，排放、倾倒或者处置有放射性的废物、含传染病病原体的废物、有毒物质或者其他有害物质，严重污染环境的，处三年以下有期徒刑或者拘役，并处或者单处罚金；情节严重的，处三年以上七年以下有期徒刑，并处罚金……

第三十条　公司、企业、事业单位、机关、团体实施的危害社会的行为，法律规定为单位犯罪的，应当负刑事责任。

第三十一条　单位犯罪的，对单位判处罚金，并对其直接负责的主管人员和其他直接责任人员判处刑罚。本法分则和其他法律另有规定的，依照规定。

2.《最高人民法院、最高人民检察院关于办理环境污染刑事案件适用法律若干问题的解释》（2016年版）第一条　实施刑法第三百三十八条规定的行为，具有下列情形之一的，应当认定为"严重污染环境"：

……

（七）重点排污单位篡改、伪造自动监测数据或者干扰自动监测设施，排放化学需氧量、氨氮、二氧化硫、氮氧化物等污染物的；

……

3.《中华人民共和国刑事诉讼法》第十五条　犯罪嫌疑人、被告人自愿如实供述自己的罪行，承认指控的犯罪事实，愿意接受处罚的，可以依法从宽处理。

【点评】

推动"治罪"与"治理"并重,促进企业依法守规经营,对于优化法治化营商环境,服务经济社会高质量发展具有重要意义。人民法院对涉案企业合规改革的参与应以立足法院职能定位为限度,遵循司法规律,保持中立地位,在法定权责范围内充分发挥法院作用。本案系江苏法院审理的首例涉刑企业合规整改污染环境案。针对公诉机关提出涉案企业已进行合规整改并验收合格,对企业决定相对不起诉,对涉案个人从轻处罚的意见,法院综合考虑认罪态度、企业的生产规模、发展潜力、生态修复情况以及合规整改的效果等因素,认定企业合规整改真实有效,依法对涉案个人予以从轻处罚。本案裁判对于如何评价和认定合规效果、做好企业合规与认罪认罚从宽制度的衔接提供了实践样本,为探索建立中国特色现代企业合规司法制度贡献了有益经验。

公诉机关:徐州铁路运输检察院。

被告人:石景龙,男,1988 年出生,汉族,住新沂市。因本案于 2022 年 2 月 22 日被刑事拘留,同年 3 月 21 日被取保候审。

徐州铁路运输检察院以被告人石景龙犯污染环境罪,向宿迁市宿城区人民法院提起公诉。

起诉书指控:新沂众客食品有限公司(以下简称众客公司)系 2021 年徐州市重点排污单位,公司内设污水处理厂,厂内设置废水自动监测设施,监测化学需氧量、氨氮、总磷、总氮四种污染物的排放浓度,相关数据实时上传至环保部门监管平台。被告人石景龙为众客公司安全管理部的副经理,全面负责该公司的污水处理工作。2021 年 6 月至 12 月,其作为众客公司污水处理负责人,在明知自动监测数据多次超标被环保部门短信提醒的情况下,为单位利益,仍授意污水处理厂的王某等 5 名污水操作工采取将自制达标液体替换超标废水的方式干扰自动监测设施运行,并排放化学需氧量、氨氮等污染物。经查,上述期间王某等人共实施 50 余次替换水样干扰采样行为,逃避环保部门检查,严重污染环境。2021 年 12 月 3 日,徐州市生态环境局对众客公司现场检查时本案案发。2022 年 2 月 21 日,石景龙主动投案。同年 8 月 16 日,众客公司与新沂市生态环境局达成生态环境损害赔偿协议,缴纳生态环境损害赔偿金人民币 544136 元。2022 年 8 月 16 日至 2022 年 12 月 16 日,众客公司主动申请进行涉案企业合规建设,积极整改落实,且经第三方监督评估小组验收合格。

公诉机关认为，被告人石景龙的行为触犯了《中华人民共和国刑法》第三百三十八条第一款、第三十条、第三十一条的规定，应当以污染环境罪追究其刑事责任。石景龙有自首、认罪认罚情节，可以依法从宽处罚。鉴于涉案单位众客公司已进行企业合规建设，积极整改落实并经第三方验收合格，且已缴纳生态损害赔偿金，对众客公司决定相对不起诉，对石景龙从轻处罚。建议对石景龙判处有期徒刑九个月，缓刑一年，并处罚金人民币五万元。

被告人石景龙对公诉机关指控的犯罪事实、罪名及量刑建议均无异议，且签字具结，在开庭审理中亦无异议。表示众客公司已制定合规制度、设置“合规部”办公室、开发手机监测小程序等，已经合规整改。

被告人石景龙的辩护人提出以下辩护意见：石景龙有自首、认罪认罚情节；其所在企业已经合规整改并经第三方验收；企业与环境保护主管单位达成生态环境损害赔偿协议并缴纳生态损害赔偿金；石景龙所在社区愿意接收其为社区矫正对象。综上，建议对石景龙从宽处罚。

宿迁市宿城区人民法院经审理查明：

众客公司于 2010 年 12 月成立，注册资本 1000 万元，主要从事速冻食品生产、销售、肉鸡屠宰、鸡鸭养殖、销售等业务，公司住所地在江苏省徐州新沂市阿湖镇 323 省道东侧，于 2020 年、2021 年被徐州市生态环境局纳入徐州市重点排污单位。该公司内设污水处理厂，厂内设置废水自动监测设施，监测化学需氧量、氨氮、总磷、总氮污染物的排放浓度，相关数据实时上传至环保部门监管平台。2021 年 6 月至同年 12 月，被告人石景龙作为众客公司安全管理部副经理，全面负责该公司污水处理工作，为了单位利益，在明知自动监测数据多次超标被环保部门短信提醒的情况下，仍授意污水处理厂王某等 5 名污水操作工采取自制达标液体的方式干扰自动监测设施采样，并排放化学需氧量、氨氮等污染物。经查，上述期间王某等人共实施替换水样干扰采样行为 50 余次，逃避环保部门检查，严重污染环境。2021 年 12 月 3 日，徐州市生态环境局对众客公司现场检查而案发。

另查明，2022 年 2 月 21 日，被告人石景龙主动投案，归案后如实供述犯罪事实，在审查起诉及审理阶段认罪认罚。2022 年 8 月 16 日，众客公司与新沂市生态环境局达成生态环境损害赔偿协议，缴纳生态环境损害赔偿金人民币 544136 元。

还查明，2022 年 8 月 16 日至 2022 年 12 月 16 日，众客公司主动申请企业合规建设，积极整改落实，已经第三方监督评估小组验收合格。在审理阶段，为了解涉案企业的合规整改情况，法院会同检察机关、公安机关、新沂市生态环境局、乡镇代表到众客公司现场座谈并实地查看，涉案公司已成立合规部，制定企业合规制度，明确合规管理体系及职责，制定企业合规管理办法。更换水污染源自动监控设备维护的第三方运营公司，加强安全防范并主动接受环保部门监管，制作合规文化墙等，公司处于正常经营状态。众客公司承诺在宣判后继续接受司法机关对其合规整改的检查及监督。

宿迁市宿城区人民法院审理认为：

众客公司作为重点排污单位，违反国家规定，通过干扰自动监测设施的方法排放化学需氧量、氨氮等污染物，严重污染环境，被告人石景龙作为单位直接责任人员实施上述行为，其行为均已构成污染环境罪。公诉机关发表公诉意见认为，因众客公司已完成企业合规不再追究刑事责任，指控石景龙犯污染环境罪。公诉机关指控事实清楚、证据确实充分，指控罪名成立，依法予以支持。

一、众客公司是否符合合规整改条件，是否已有效合规整改的问题

关于公诉机关提出涉案单位众客公司已进行企业合规建设，积极整改落实并经第三方验收合格，且已缴纳生态损害赔偿金，对被告人石景龙从轻处罚的公诉意见；辩护人提出石景龙所在公司已经合规整改且验收合格，其合规整改有效，建议对石景龙从宽处罚的辩护意见。经查，所谓企业合规改革，主要是指检察机关对于审查起诉阶段办理的涉企刑事案件，在依法作出不批准逮捕、不起诉决定或者根据认罪认罚从宽制度提出轻缓量刑建议等的同时，针对企业涉嫌具体犯罪，结合办案实际，督促涉案企业做出合规承诺并积极整改落实，促进企业合规守法经营，减少和预防企业犯罪，以及在审判阶段对涉案企业主动申请开展合规整改，人民法院经综合考量案件具体情况、合规必要性、可行性、审理期限等因素，决定是否同意开展，及在决定开展企业合规整改时所组织开展的特定工作。已经起诉的涉企刑事案件经审理后，对于合规整改合格的企业可以予以从宽处罚。开展涉案企业合规改革是推动“治罪”与“治理”并重、促进企业依法守规经营的重要制度创新，是司法机关以自身工作现代化服务中国式现代化的务实举措，对于营造法治化营商环境、服务经济社会高质量发展具有重要意义，也是宽严相济刑事政策的又一具体运用。对于符合适用企业合规案件并对企业有效合规整改，能够对涉案企业、个人从宽处罚，一般应同时具备以下条件：（一）涉案企业能够适用企业合规，具体要件包括：（1）涉案企业、个人认罪认罚；（2）涉案企业能够正常生产经营，承诺建立或者完善企业合规制度；（3）涉案企业自愿申请。（二）不具有不应适用企业合规的情形，具体有：（1）为进行违法犯罪活动而设立企业的；（2）企业设立以后以实施犯罪为主要活动的；（3）企

业人员盗用单位名义实施犯罪的;(4)企业因实施同类犯罪受过刑事处罚的;(5)涉嫌危害国家安全犯罪、恐怖活动罪、有组织犯罪的;(6)严重损害国家利益、社会公共利益,无补救挽损可能的;(7)社会影响恶劣、可能引发重大群体事件或者社会舆情的。(三)涉案企业完成有效合规整改,具体要符合:(1)犯罪造成的损害已弥补;(2)企业已制定完整可行的合规计划,计划所列整改措施已落实到位;(3)涉案企业已建立防范类似犯罪再次发生的预警机制;(4)合规整改通过实质有效查考评估,合规考查评估的依据科学、标准适当、程序规范。

本案中,众客公司符合企业合规案件适用条件并已有效合规整改。首先,众客公司符合适用企业合规的条件。众客公司、被告人石景龙在案发后均与检察机关签订认罪认罚具结书,众客公司自2010年以来从事食品生产行业,生产经营稳定。众客公司在案发后主动提交合规整改申请书。众客公司不具有不应适用企业合规的情形。其次,众客公司完成了合规整改。众客公司积极开展合规整改工作,制订合规计划并按照计划落实。在制度方面对企业内部监管机制存在不足进行整改,成立合规部,明确职责和权限,制定企业合规管理办法等,对本案犯罪事实中涉及的监测设备的管理维护、数据上传、安全防护等方面进行重点整改。整改方案及履行情况经第三方监督评估小组验收合格。最后,众客公司合规整改有效。一审法院会同相关单位经对众客公司实地座谈及调查,均认为其合规工作具有必要性、可行性、全面性,众客公司积极建立、实施、完善相关合规措施,更换了水污染源自动监控设备维护的第三方运营公司,加强安全防范并主动接受环保部门监管,制作合规文化墙等;众客公司还承诺在宣判后继续接受司法机关对其合规整改的检查及监督。众客公司通过合规整改,消除了制度隐患、填补了管理漏洞,弥补了犯罪所造成的危害,取得了显著实效,有利于减少同类违法犯罪行为的发生,实现了企业诚信守法经营的法律效果和社会效果。综上,石景龙的辩护人所提众客公司合规有效的辩护意见能够成立,依法予以采纳,并对石景龙从宽处罚。

二、对被告人石景龙量刑问题

关于被告人石景龙的辩护人提出石景龙所在公司已经合规整改,缴纳生态环境损害赔偿金,其本人具有自首、认罪认罚情节,请求对石景龙从轻处罚的辩护意见。经查,石景龙有自首、认罪认罚情节,依法对其从轻处罚。石景龙为逃避环保监管,授意工作人员干扰采样,排放污染物至外环境,致使自动监控设施无法发挥应有作用,其持续时间长,造成一定危害和社会影响。鉴于石景龙所在单位积极与主管单位签订生态环境损害赔偿协议,缴纳生态环境损害赔偿金,对石景龙酌情从宽处理。

对石景龙的辩护人提出的相关辩护意见，依法予以采纳，对其量刑从轻处罚。

综合本案案情及企业的生产规模、发展潜力、生态修复情况以及合规整改的效果，决定对被告人石景龙量刑从轻处罚。公诉机关提出的量刑建议适当，依法予以采信。石景龙经社区矫正评估适用缓刑对所在社区无重大不良影响，依法对其适用缓刑。

据此，依照《中华人民共和国刑法》第三百三十八条第一款，第三十条，第三十一条，第六十七条第一款，第七十二条，第七十三条第二款、第三款；《最高人民法院、最高人民检察院关于办理环境污染刑事案件适用法律若干问题的解释》第一条第七项；《中华人民共和国刑事诉讼法》第十五条，第二百零一条的规定，宿迁市宿城区人民法院于2023年4月19日作出(2023)苏1302刑初56号刑事判决：

一、被告人石景龙犯污染环境罪，判处有期徒刑九个月，缓刑一年，并处罚金人民币五万元。

二、禁止被告人石景龙在缓刑考验期内从事排污等相关活动。

一审宣判后，公诉机关未提出抗诉，被告人未提起上诉，一审判决已经发生法律效力。

案例报送单位：宿迁市宿城区人民法院
一审合议庭成员：张前进、叶春花、夏红羽
报送人：贾银亮、叶春花、马新蕾
**审稿人：左一凡**

# 江苏秀强玻璃工艺股份有限公司诉青岛万嘉集运物流有限公司连云港分公司多式联运合同纠纷案

【编者按】

随着我国跨境集装箱多式联运业务的蓬勃发展，货物在运输途中尤其是在域外运输区段发生灭失或损坏的现象频繁发生。司法实践中，对于如何确定多式联运经营人赔偿责任和责任限额的法律适用一直存在争议，如何准确高效查明域外法，亦是长期制约涉外民商事审判质效的一大难题。本案中，双方当事人约定适用我国法律作为准据法，多式联运货损事实发生在墨西哥铁路运输区段。本案裁判明确货物全损发生在域外铁路运输区段时，应当援引该国调整铁路运输区段的法律来确定多式联运经营人的赔偿责任和责任限额，即应当适用墨西哥铁路运输相关法律。同时依当事人申请，优先选择专业查明服务机构提供的方式查明域外法，更加具有便捷性、高效性，为域外法查明的路径选择作出了良好示范。本篇裁判文书获评第五届全国法院百篇优秀裁判文书。

## 中华人民共和国南京海事法院
## 民事判决书

（2020）苏72民初1061号

原告：江苏秀强玻璃工艺股份有限公司，住所地江苏省宿迁市宿豫区江山大道28号。

法定代表人：卢秀强，该公司董事长。

委托诉讼代理人：白璐，江苏新高的律师事务所律师。

被告：青岛万嘉集运物流有限公司连云港分公司，住所地中国（江苏）自由贸易试验区连云港片区海滨大道2号阳光国际商务中心D座2602室。

负责人:魏朝阳,该分公司总经理。

委托诉讼代理人:马捷飞,山东文康律师事务所律师。

委托诉讼代理人:陈晓军,山东文康律师事务所律师。

原告江苏秀强玻璃工艺股份有限公司(以下简称秀强公司)与被告青岛万嘉集运物流有限公司连云港分公司(以下简称万嘉公司连云港分公司)多式联运合同纠纷一案,本院于2020年11月13日立案后,依法适用普通程序于2021年8月9日通过在线诉讼方式公开开庭进行了审理。原告秀强公司委托诉讼代理人白璐,被告万嘉公司连云港分公司负责人魏朝阳及委托诉讼代理人马捷飞到庭参加诉讼。本案现已审理终结。

原告秀强公司向本院提出诉讼请求:(1)判令被告向原告赔偿货损价值140545.88美元(按货损发生时间2020年5月20日的汇率1:7.0956换算成人民币金额为997257元);(2)判令被告向原告赔偿多式联运费15400美元(按照被告的借方通知折算为人民币金额为112420元);(3)判令被告向原告赔偿前述款项的利息损失,货款加运费本金为1109677元,年利率为15.4%(2020年5月20日人民银行公布的一年期贷款市场报价利率3.85%的四倍),自2020年5月20日起算,货款997257元的利息损失暂算至2020年9月8日,利息金额为46926元,货款加运费总额的利息自2020年9月8日最终计算至实际清偿之日;(4)判令被告承担本案全部诉讼费用。事实和理由:原、被告双方订立《国际货物运输代理协议》(以下简称《协议》)一份,有效期为2020年1月1日至2020年12月31日。按照协议第2.2.6条的约定,在被告签发提单等运输单证的情况下,被告承担承运人的责任和法律地位。协议签订后,原告通过代理公司连云港博赛贸易有限公司(以下简称博赛公司)向墨西哥SOLIGLASS SA DE CV(以下简称SOLIGLASS公司)出口41000件冰箱用钢化玻璃和57564件塑料饰条,约定总价140545.88美元。博赛公司代理原告于2020年3月6日与SOLIGLASS公司订立BOSEC 20022号《售货确认书》。《售货确认书》订立后,博赛公司代理原告向被告发出BOSMX2011号《托书》,委托被告运输前述出口墨西哥的货物。被告按原告的委托,于2020年4月向博赛公司发送COSU6261302410号多式联运提单,承担前述出口墨西哥SOLIGLASS公司货物联运承运人的责任。被告承运前述货物后,向中远海运集装箱运输有限公司(以下简称中远公司)订舱托运,并委托报关公司办理了前述货物的出口通关手续。被告据此向原告收取了海运费15400美元(合人民币112420元)。2020年5月,被告在墨西哥的货代 Binex Line Mexico S. A（以下简称 Binex 公司）通知原告：货物在墨西哥火车运输过程中，于 2020 年 5 月 20 日由于火车脱轨导致 5 个集装箱的货物全部损坏。被告作为多式联运承运人，依照法律规定和合同约定，应当向原告承担货损赔偿责任。原告因多次向被告索赔被拒，故提起本案诉讼。

被告万嘉公司连云港分公司辩称：(1)根据报关单、通关单所记载的 C&F/CFR 贸易条件，自货物于起运港装上船舶为止，原告不再享有货物所有权、亦不承担货物毁损风险，在收货人已自行提出索赔的情况下，原告对于涉案货损事宜不再享有索赔权。(2)退一步讲，即便原告有索赔权，其所申报的 140545.88 美元本身就是包含货物本身价值加运费的 C&F 价，无权在此之外另行索赔运费 15400 美元。(3)原告应就货损情况及货物重置成本或价值充分举证，否则应当承担举证不能的法律后果。(4)中国政法大学外国法查明研究中心就墨西哥法下铁路运输区段承运人的责任限额问题予以充分查明并出具了查明函，查明的结果应当作为认定被告责任限额的法律依据。综上，请求法院驳回原告的诉讼请求。

当事人围绕诉讼请求依法提交了证据，本院组织当事人进行了证据交换和质证。

原告秀强公司向本院提交证据如下：

第一组证据：《协议》《代理出口合同》。用以证明：(1)原、被告因国际货物运输订立了《协议》，双方约定在被告签发提单等运输单证的情况下，被告承担承运人的责任和法律地位，原、被告之间构成海上货物运输合同关系；(2)原告委托案外人博赛公司代理出口本案货物，被告在向博赛公司发送提单时，知晓其为原告的代理方。

第二组证据：博赛公司与外商签署的《售货确认书》、博赛公司发给被告的《托书》、被告向博赛公司出具的费用清单和提单、被告的无船承运人资质证明、博赛公司出具的装箱单和商业发票、中远公司出具的订舱确认书、出口报关单和通关单、运费付款记录。用以证明：(1)原告通过博赛公司向墨西哥外商出口玻璃制品和饰条，并通过博赛公司委托被告托运货物。(2)被告知晓博赛公司系原告的代理人，被告作为无船承运人通过发送提单承担承运人责任。

第三组证据：墨西哥铁路集团（以下简称 FERROMEX 公司）出具的货物《核验记录》、被告在墨西哥当地的货运代理 Binex 公司与原告、SOLIGLASS 公司以及博赛公司之间的邮件、货损图片。用以证明：(1)2020 年 5 月 20 日，涉案货物在墨西哥通过火车运输过程中，由于火车脱轨导致 5 个集装箱的货物全部损坏且无法使用，已被 SOLIGLASS 公司拒收。(2)货损发生后，跟踪处理均是与原告直接联系，原告系事实上的货主。

第四组证据：原、被告员工之间的微信沟通记录；被告向原告追索本案项下运费，原告最终支付的相关邮件。用以证明：(1)涉案运输合同订约、委托出运、发送提单、费用结算的过程；(2)被告认定原告系托运人，被告应直接向原告承担承运人的赔偿责任。

第五组证据：博赛公司出具的《说明函》、2020年4月21日博赛公司发送的电子邮件记录。用以证明：(1)本案项下货物的真实单据记载的是DAP术语；(2)博赛公司为完成出口清关，将形式发票、装箱单等单据上的DAP术语改为CFR术语后提供给被告，并自行制作了其与SOLIGLASS公司之间的售货确认书；(3)被告的墨西哥货代Binex公司也收到了DAP术语的商业发票，因此被告应该知晓本案货物出口使用的是DAP术语而非CFR术语。

第六组证据：SOLIGLASS公司《声明函》及三个附件(原告与SOLIGLASS公司之间的代表协议、被告出具的提单、博赛公司出具的商业发票)。用以证明：(1)SOLIGLASS公司实为原告方在墨西哥的服务商，而非进口商及货物所有权人，不负责货物运输和保险，不存在索赔权属于SOLIGLASS公司的问题；(2)SOLIGLASS公司曾为原告利益向墨西哥铁路承运人FERROMEX公司索赔全部货值，并于2021年7月16日收到FERROMEX公司149432.73比索(相当于7577.72美元)，该款项属于原告，原告将在诉讼请求金额扣减该部分金额；(3)SOLIGLASS公司进一步声明其无索赔权，亦不会行使索赔权，所有索赔权均归属于原告。

被告万嘉公司连云港分公司发表质证意见：

1. 对第一组证据中《协议》的真实性没有异议，但对证明事项不认可。理由：(1)关于代办保险的问题。第一，《协议》第1条第1款所约定的承办事务仅仅是被告可以代办的概括性事务，而非被告应当办理的所有事务。事实上双方合作多年，被告所代办的事务基本为订舱、拖车陆运服务，从未代办保险、包装、拆装箱等服务。第二，该条第2款也明确约定，该协议系双方就代理事项基本框架条款达成的总合同，甲方对个案的委托必须单独签发《货运委托书》，因此在个案项下被告的代办范围应以个案的《货运委托书》载明的事项为准。第三，原、被告双方及博赛公司自2017年9月8日开始合作，至2020年8月28日合作终止，实际出货226票、共计989集装箱的玻璃制品，原告和博赛公司没有一票货物曾委托被告购买保险，亦未曾支付任何保险费。(2)关于赔偿限额问题。第一，本案纠纷并非依据当事人约定，而是基于法律的明确规定，应当适用墨西哥法判断被告的赔偿限额。第二,《协议》并无排除墨西哥法适用的任何约定,被告亦未放弃任何墨西哥法下责任限制权利的意思表示。第三,《协议》第2.2.7条约定,当被告作为多式联运经营人时,其赔偿限额应根据《中华人民共和国海商法》的规定予以确定。对于第一组证据中的《代理出口合同》的真实性不认可,认为该合同是博赛公司与原告之间签订的,被告未曾参与签订过程,该合同所约定的权利义务与被告无关,但即便脱离该合同,被告对原告是涉案货物的实际托运人的事实是认可的。

2. 对第二组证据中《售货确认书》《商业发票》的真实性不认可,两份证据所记载的贸易术语为DAP阿波达卡,与报关单记载的C&F存在矛盾,《售货确认书》《商业发票》系原告与买方自行签订并随时可修改、补签,其证据效力显然弱于海关系统备案可查的报关单。对《托书》的真实性认可,但认为双方对个案运输项下的委托事项应当以《托书》记载为准,而该《托书》中并无申明货物价值、委托被告办理保险的记载。对《订舱确认书》的真实性认可,但证明目的不认可,本案实际承运人是中远公司,原告应向其提出索赔并追加其为本案被告。对《报关单》《通关单》的真实性认可,该两份证据系海关系统备案可查的报关、通关数据,可以作为认定案件事实的依据。对《费用清单》《多式联运提单》《交通部无船承运业务名单公示》《借方通知》《中国工商银行电子回单》的真实性无异议。

3. 对第三组证据中的《核验记录》真实性不认可,被告未参与检验及该检验记录的制作过程,且原告未就该证据办理公证认证手续。对抄送被告部分的往来邮件的表面真实性予以确认,但对邮件内容真实性无法确认;对未抄送被告部分的邮件真实性不予认可。对货损图片的真实性不认可,因原告未提供图片的来源和原始载体。

4. 对第四组证据原被告QQ记录、《索赔函》《中国工商银行付款电子回单》及原被告邮件记录的真实性认可,但证明目的不认可,原告是否有权向被告提出索赔,需结合本案其他证据严格审查。

5. 对第五组证据的真实性和证明目的均不认可,博赛公司于本案开庭后才基于原告利益出具说明函及电子邮件记录,该组证据不具有客观性、真实性。

6. 对第六组证据中收货人SOLI-GLASS公司《声明函》的表面真实性无异议,对函件中自认已经收到墨西哥铁路承运人FERROMEX公司149432.73比索赔偿金的事实予以认可,其他内容不认可。

被告万嘉公司连云港分公司为支持其抗辩主张提交了证据如下:证据1,国家外汇管理局《各种货币对美元折算率表》,证明距离原告2020年10月28日起诉最近之日,1墨西哥比索=0.046791美元。证据2,中国政法大学外国法查明研究中心发票及被告查明费用付款回单,证明为查明本案所适用的法律,被告向中国政法大学外国法查明研究中心支付查明费用人民币4.5万元,该费用应由原告负担。证据3,原告委托被告报关相关资料,证据来源于原、被告之间的QQ记录,该证据系货物的重量明细、商业发票、售货确认书,证明原告委托被告报关时,发送的材料均为CFR,应作为认定案件事实的依据;相关货物重量明细所记载的货物毛重数据相对合理,与原告提交的装箱单相比数据合理、价格正确,可以此认定货物重量。在能够查明某个集装箱货物损失的情况下,应以该集装箱对应的货物毛重计算赔偿额。

原告秀强公司发表质证意见:对被告提交的证据1的真实性无异议,但不能达到被告的证明目的,因本案不应适用墨西哥法关于赔偿责任限额的规定来确定赔偿责任。对证据2的真实性无异议,但同样不能达到证明目的,本案确实涉及外国法,原告方也支付了4.5万元查明费用,查明结论仅是客观陈述墨西哥法项下货物赔偿责任及赔偿限额,不能得出被告主张的相关结论。对证据3的表面真实性予以认可,但原告与墨西哥外商之间的贸易术语不是CFR,原告在委托被告办理出口清关时提交的材料上出现CFR术语系笔误。该证据也证明被告在接收原告委托时是明知货物价值和重量的,被告应在墨西哥境内按原告申报的货物价值对货物进行保价并按双方签订的《协议》对货物进行保险,否则被告无权援引墨西哥关于赔偿责任限制的规定。

关于双方当事人对真实性无异议的证据,本院予以确认并在卷佐证。对当事人就真实性有异议的证据及其待证事实,本院分析认定如下:对原告提交的《代理出口合同》《售货确认书》《装箱单》《商业发票》,该组证据中的提单、托书、能够相互印证,可以证明博赛公司代为办理报关手续及运输相关事宜的事实,且被告后续亦将该《售货确认书》《商业发票》作为证据使用,本院对以上证据的真实性予以认可。对原告提交的墨西哥铁路集团货物《核验记录》,被告认为核验记录未经公证认证手续,该证据系境外形成,按规定应当经所在国公证机关证明,或者履行中华人民共和国与该所在国订立的有关条约中规定的证明手续。本院认为,虽然该证据无公证认证手续,但因其能够与原告提交的SOLIGLASS公司《声明函》、Binex公司与原告、SOLIGLASS公司及博赛公司之间的往来邮件等证明货损发生的证据相互印证,且被告在质证过程中对墨西哥铁路区段承运人FERROMEX公司以货物全损标准赔付SOLIGLASS公司款项事实认可,本院对其证据效力予以认可。对原告提交的其与Binex公司、SOLIGLASS公司以及博赛公司之间的未抄送被告的部分往来邮件、货损图片，被告对真实性虽有异议，但鉴于被告对货损事实的发生不持异议，本院对该两份证据的真实性予以认可。原告提交的《说明函》系博赛公司单方制作，无其他证据佐证，本院对其真实性不予认可。对原告提交的博赛公司2020年4月21日邮件记录、SOLIGLASS公司《声明函》及三个附件，因该部分证据已办理公证认证手续，本院对其真实性予以认可。

根据经审查确认的证据及当事人陈述，本院认定事实如下：

原告秀强公司因出口产品至墨西哥，自2017年9月起持续委托被告万嘉公司连云港分公司提供国际货物运输服务。

2020年，秀强公司与万嘉公司连云港分公司签订《协议》一份，有效期为2020年1月1日至2020年12月31日。《协议》约定，(一)委托事项：万嘉公司连云港分公司(乙方)作为秀强公司(甲方)的国际货物运输业务的代理人，承办以下事务：1.1　提供订舱、报关、报检、报验以及代办保险等服务……2.本协议是甲乙双方就代理事项的基本框架条款达成的总合同。本协议项下，甲方对个案的国际货物运输代理业务的委托，必须依照本协议第二条的规定单独签发《货运委托书》。(二)双方的权利义务：2.1.7　甲方可以以本人的名义，也可以以他人名义，也可以以他人的利益向乙方发出《货运委托书》。2.2.6　对于甲方委托的货物，除乙方以自己的名义签发了无船承运人提单、海运单或其他运输单证外，乙方均不承担承运人的责任和法律地位。对于货物的灭失、损坏或延迟交付，乙方作为承运人时，可依据本协议第2.2.7条确定其赔偿限额……2.2.7　乙方应全面履行其在本协议项下的义务，对于因其过错造成货物灭失、损坏或迟延的，应当根据本条规定对甲方遭受的直接损失承担赔偿责任……甲方同意并保证，就货物的灭失、损坏或迟延交付而对乙方提起的任何诉讼或仲裁，不论请求人是否为本协议的一方，也不论是根据合同或侵权行为提起，乙方均有权按照以下情形限制赔偿责任：……(2)乙方作为海运承运人(含全程承运人、无船承运人或多式联运经营人)时，乙方之赔偿限额应根据出具的提单或海运单条款、《中华人民共和国海商法》和/或相关海上运输的国际公约约定或规定的货物赔偿标准确定。(三)费用结算(略)。(四)特别条款：4.4　乙方不负责甲方所交付的货物称重事宜，由甲方自行负责称重，并如实申报给乙方，乙方根据甲方提供称重数据信息申报给船公司。(五)适用法律及争议的解决：5.1　本协议适用中华人民共和国法律和中华人民共和国参加的国际公约、条约、惯例等。

2020年1月12日，案外人博赛公司(甲方)与原告秀强公司(乙方)签订《代理出口合同》，约定博赛公司作为受托人，接受秀强公司委托出口货物，博赛公司负责与秀强公司指定的货物出口合同买方（简称“外商”）签订出口合同，并按秀强公司提供的货物数据制作出口清关物流及装箱单等单据，将货物交给秀强公司指定的货代或承运人运输，取得运输单据后代理秀强公司履行出口合同项下的交货义务。2020 年 3 月 6 日，博赛公司代理秀强公司与墨西哥 SOLIGLASS 公司订立 BOSEC 20022 号《售货确认书》，载明：货物名称为钢化玻璃和塑料饰条，贸易术语为 DAP 阿波尔卡。《售货确认书》订立后，博赛公司代理秀强公司向万嘉公司连云港分公司发出 BOSMX2011 号《托书》，委托万嘉公司连云港分公司运输货物，包装种类与货名为钢化玻璃和塑料饰条，运输方式 CY/DOOR。

2020 年 4 月 9 日，万嘉公司连云港分公司向中远公司订舱，订舱号 COSU6261302410，船名航次 COSCO KAWASAKI 058S，由中远公司实际承运该批货物。同年 4 月 16 日，万嘉公司连云港分公司签发了编号 COSU6261302410 的多式联运提单。该提单记载：托运人为博赛公司，收货人为 SOLIGLASS 公司，通知方同收货人，船名航次为 COSCO KAWASAKI 058S，装货港连云港，卸货港及交货地为墨西哥阿波达卡，货物共装 5 个集装箱，箱号为“CSNU4029759/S125487”“OOLU4308869/S125486”“DFSU4345241/U075916”“TTNU4871132/S125483”“CSNU4044563/U075911”，箱内装冰箱玻璃架、塑料饰件，通过卡车和火车从曼萨尼罗运到阿波达卡。运输方式为 CY/DOOR（场到门）。秀强公司据此向万嘉公司连云港分公司支付了海运费 15400 美元。

2020 年 4 月 14 日，连云港海关签发编号为 230120200010550279 的出口货物报关单，该报关单记载：境内发货人为博赛公司，境外收货人 SOLIGLASS 公司，成交方式为 CFR，毛重 114666 千克，运费 15400 美元，提运单号 COSU6261302410，运输工具名称及航次号 COSCO KAWASAKI 058S，钢化玻璃总价 111986 美元，塑料饰条 28559.88 美元。

涉案货物到达墨西哥后进行陆路和铁路运输，万嘉公司连云港分公司通过中远公司委托墨西哥承运人 FERROMEX 公司负责铁路区段运输。2020 年 5 月 20 日，涉案货物在运往目的地阿波达卡的过程中，发生火车脱轨事故，造成货物受损。事故发生后，因涉案货物受损严重，SOLIGLASS 公司拒绝接收全部货物，FERROMEX 公司按照货物全损标准于 2021 年 7 月 16 日向 SOLIGLASS 公司支付了 149432.73 墨西哥比索的赔偿金。

秀强公司自与万嘉公司连云港分公司签订《协议》起至案涉货物发生铁路货损事故时止，未委托万嘉公司连云港分公司为该批案涉货物办理保险事宜，也未支付过任何保险费用。

本案诉讼过程中，本院经被告万嘉公司连云港分公司申请委托中国政法大学外国法查明研究中心查明墨西哥合众国关于承运人赔偿责任限制及限制金额的法律。该中心出具的《关于江苏秀强玻璃工艺股份有限公司诉青岛万嘉集运物流有限公司连云港分公司多式联运合同纠纷案相关外国法的查明函》载明：（一）墨西哥联邦立法和州立法的关系：墨西哥关于铁路运输的相关立法同时存在于联邦法律体系和地方法律体系中，两者并非上位法和下位法的关系，而是针对不同适用领域制定的效力互不冲突的立法。其中公路运输的商事规则，应当适用联邦的立法。（二）应当适用的法律：关于墨西哥境内铁路运输公共服务，应适用联邦法。在墨西哥联邦立法层面，关于铁路运输承运人赔偿责任的规范，作为《商法典》“特别法之特别法”的《关于铁路服务的实施法》（以下简称《铁路服务法》）中的商事规定应当优先适用。在其未作规定的情况下，应当适用国际条约、《联邦一般交通法》《国有财产通用法》《联邦行政程序法》《商法典》《联邦民法典》和《联邦民事诉讼法典》。（三）铁路运输承运人的责任：《铁路服务法》中，第8章“责任”部分由第50条至第55条组成，是整部法律中就承运人责任做出的集中规定，与本法的其他条文不存在冲突，其中第51条规定：“铁路运输公共服务的承运人，自其接收到货物至将其交付收货人止，对其运输货物发生的灭失或损毁承担责任，但下列情形除外：（1）货物本身的瑕疵或不适当的包装；（2）在规定的时间内对货物进行了交付，但是因为货物本身的性质造成了全部或部分损毁；（3）根据货物性质应当使用其他性质的运输方式，但应托运人的书面要求而使用了不适当的方式；（4）装货人、发货人、收货人或提单人做出的关于货物装卸的错误描述或指示。”第52条规定：“使用服务的客户就其货物价值进行了声明，并且支付了一笔与承运人商定的额外费用作为保险金的，在其货物灭失或损坏时，包括因意外事件或不可抗力而发生灭失或损坏时，方能就货物灭失或损坏的全部价值向承运人主张赔偿责任。如果客户没有申报货物价值，责任仅限于每公吨货物对应联邦首都区现行一般最低工资15日的金额，不足一吨的按重量比例计算金额。”第54条规定：“获得本章规定的各项赔偿的权利以及金额的确定适用《联邦民法典》的规定……”（四）关于计算依据：关于计算上述金额时应当依据的日期，《铁路服务法》和《联邦一般交通法》对此均没有具体规定，需要进一步研究其上位法律。《商法典》第2条规定：“在本立法和其他商事法律未作规定的情况下，商业行为适用《联邦民法典》中关于联邦事务做出的一般性权利的规定。”《联邦民法典》在关于违约责任的第2104条中规定：“应当履行义务的一方，没有履行义务或者没有按照合同约定的方式履行义务的，应当按照下列要求赔偿由此带来的损失：(1)如果该义务是有期限的，则责任自该义务应当履行之日起计算；(2)如果该义务的履行没有确定的期限，则适用本法第2080条最后一部分的规定。”《联邦民法典》第2080条规定：“如果没有为给付金钱或履行某项义务的行为确定履行期限，债权人只能在30天后通过诉讼或者非诉讼方式要求履行相应义务。非诉讼方式可以是向一名公证人提出，也可以是向两名证人提出。对于应当履行义务的，只要债权人的主张时间达到了履行义务的必要时间，就应当进行给付。”因此，没有约定的，应以原告提出赔偿主张日的联邦首都区现行一般最低工资作为计算基数。

本院认为，本案系多式联运合同纠纷。涉案货物系从中国连云港经海路、铁路和公路运输至墨西哥内陆城市阿波达卡，且货物灭失发生于墨西哥铁路运输区段，故各方当事人之间由此发生的货损赔偿责任纠纷，具有涉外因素。根据《中华人民共和国涉外民事关系法律适用法》第四十一条的规定，当事人可以协议选择合同适用的法律。本案中，双方当事人在《协议》中明确约定“本协议适用中华人民共和国法律和中华人民共和国参加的国际公约、条约、惯例等”，因此，本案适用中国法律审理。

根据双方当事人诉辩意见，本院归纳双方当事人在本案中的争议焦点为：(1)原告秀强公司是否享有涉案货物的货损索赔权；(2)涉案货物是否构成全损及被告万嘉公司连云港分公司是否应当承担赔偿责任；(3)被告万嘉公司连云港分公司能否援用墨西哥法律中的赔偿责任限制条款及具体赔偿金额。

一、关于原告秀强公司是否享有涉案货物的货损索赔权的问题。

秀强公司主张，因涉案货物达到指定交货地点前已经全部损坏无法交付，货物所有权仍属于秀强公司，故秀强公司享有涉案货物的货损索赔权。万嘉公司连云港分公司辩称，根据涉案货物的报关单、通关单记载，涉案货物贸易条件为C&F/CFR，即案涉货物在起运港连云港装上船舶时，秀强公司就已完成了货物交付，货物所有权及运输途中毁损、灭失风险即转与收货人，在收货人SOLIGLASS公司已自行提出货损索赔的情况下，秀强公司对涉案货物不再享有货损索赔权。本院认为，原、被告签订的《协议》合法有效，双方当事人之间依法成立国际货物多式联运合同关系。被告万嘉公司连云港分公司作为多式联运经营人负责履行或者组织履行多式联运合同，对全程运输承担承运人的义务，应当在约定期限或者合理期限内将货物安全运输到约定地点。对运输过程中货物毁损、灭失向托运人或收货人承担赔偿责任。本案中，原告秀强公司作为涉案货物的托运人有权要求被告赔偿货物毁损损失。理由如下:第一,虽然涉案货物提单记载的托运人为博赛公司,但是提单仅是证明海上货物运输合同关系的初步证据。根据博赛公司与秀强公司签订的《代理出口合同》,博赛公司系秀强公司在起运港的货运代理人,且鉴于原、被告之间已成立运输合同法律关系,本院认定秀强公司为本案实际托运人。同时,多式联运经营人万嘉公司连云港分公司自认其并未签发正本提单,而是与托运人秀强公司约定了电放提单,因此本案不存在正本提单持有人,不会发生提单转让情形,故秀强公司始终可以依据运输合同享有涉案货物的货损索赔权。第二,《2010年国际贸易术语解释通则》仅说明不同术语下买卖合同双方在交易中的责任、费用以及风险划分,与运输合同项下托运人、收货人对承运人的索赔权并无直接关联,亦不涉及货物所有权归属问题。无论本次国际货物运输所使用的贸易术语是DAP还是C&F/CFR,涉案货物所有权在货物交付给境外收货人SOLIGLASS公司前均未发生转移。第三,即便墨西哥铁路区段承运人FERROMEX公司已根据货物重量向收货人SOLIGLASS公司支付了149432.73墨西哥比索赔偿金,但SOLIGLASS公司已声明其未取得涉案货物所有权及索赔权,FERROMEX公司向火车脱轨事故中全体受损货主均进行了赔偿,其仅代表秀强公司受领赔偿金,秀强公司和SOLIGLASS公司均未认可该笔赔偿款项系FERROMEX公司对货损应当承担的全部金额以及将该笔款项作为最终损失赔偿。综上,无论是基于运输合同约定还是原告作为所有权人的法律地位,原告秀强公司作为涉案多式联运合同的托运人,在货物未能交付收货人且收货人SOLIGLASS公司已出具《声明函》表明若无秀强公司授权其无权要求赔偿损失的情况下,理应享有索赔权。

二、关于涉案货物是否构成全损及被告万嘉公司连云港分公司是否应当承担赔偿责任的问题。

1. 关于涉案货物受损情况。秀强公司提交的FERROMEX公司的三张《核验记录》载明:“视为货物全部受损”“最终客户对货物的处置是:拒收全部货物”,以证明涉案货物已推定全损。万嘉公司连云港分公司虽对货物构成全损持有异议,但未提交反证予以证明。结合FERROMEX公司系按照货物全损标准向SOLIGLASS公司赔付149432.73墨西哥比索的事实,以及万嘉公司连云港分公司在补充质证过程中最终认可涉案货物推定全损的结论,本院认定涉案货物已经构成全损。

2. 关于被告万嘉公司连云港分公司的赔偿责任问题。本院认为,从涉案提单明确的运输方式为CY/DOOR来看,货物运抵目的港交收货人之前的内陆运输责任和风险均应由多式联运经营人万嘉公司连云港分公司负担。根据本案查明事实,货物到达墨西哥之后,在墨西哥内陆区段由FERROMEX公司负责铁路区段承运过程中发生了货物毁损。虽然万嘉公司连云港分公司并非涉案货物内陆段实际运输承运人,但并不影响其依据与原告之间的国际货物多式联运合同所应当承担的多式联运经营人的交货义务以及对全程运输区段内发生灭失所致的违约责任。因此,根据《中华人民共和国海商法》关于多式联运经营人的相关规定,万嘉公司连云港分公司应当向托运人秀强公司承担货损赔偿责任。

三、关于被告万嘉公司连云港分公司能否援用墨西哥法律中的赔偿责任限制条款及具体赔偿金额如何确定的问题。

《中华人民共和国海商法》第一百零五条规定:"货物的灭失或者损坏发生于多式联运的某一运输区段的,多式联运经营人的赔偿责任和责任限额,适用调整该区段运输方式的有关法律规定。"因此,涉案货物于铁路运输中遭受毁损,多式联运经营人万嘉公司连云港分公司的赔偿责任和责任限额应适用墨西哥调整当地铁路运输的民商事法律。秀强公司称双方签订的《协议》未约定适用墨西哥法,无权援引墨西哥法律关于赔偿责任限制的约定。但是,依据双方《协议》中关于法律适用的约定,本案所适用的《中华人民共和国海商法》第一百零五条最终指向为墨西哥当地关于铁路运输的法律规定。据此,秀强公司关于本案不适用墨西哥法律的主张,没有事实和法律依据,本院不予支持。

根据中国政法大学外国法查明研究中心的查明结果,对被告赔偿金额应当适用墨西哥《铁路服务法》确定。根据该法第52条的规定,使用服务的客户就其货物价值进行了声明,并且支付了一笔与承运人商定的额外费用作为保险金的,在其货物灭失或损坏时,包括因意外事件或不可抗力而发生灭失或损坏时,方能就货物灭失或损坏的全部价值向承运人主张赔偿责任。如果客户没有申报货物价值,承运人的责任仅限于每公吨货物对应联邦首都区现行一般最低工资15日的金额,不足一吨的按重量比例计算金额。对此,秀强公司主张万嘉公司连云港分公司作为多次办理涉墨西哥地区多式联运的专业承运人,理应知晓墨西哥法律对于未办理保价或保险的货物适用赔偿限额,而其未按照《协议》约定为秀强公司办理涉案货物的保险或保价运输,不能依据墨西哥相关法律享受赔偿责任限制。本院认为,万嘉公司连云港分公司对涉案货物并无投保义务。首先,申明货物价值、办理保险系托运人义务,秀强公司在办理业务时,应当根据货物价值、运输方式及其他情况自行决定是否对货物作保价运输或办理保险。而且,承运人万嘉公司连云港分公司在其出具的涉案提单中对是否保价或办理货物保险已尽到提示说明义务，秀强公司及收货人 SOLIGLASS 公司既未选择“按照所附保单投保”，也未举证证明其曾对涉案货物价值进行过声明或对涉案货物办理过保险。其次，《协议》系双方当事人签订的关于办理货物运输事宜的总合同，《协议》第 1 项虽然约定万嘉公司连云港分公司提供代办保险服务，但该条款属于概括性条款，仅规定了双方基本权利义务。对于个案业务的委托，《协议》第 2 项明确约定了秀强公司（甲方）必须单独签发《货运委托书》。而秀强公司并未证明其和博赛公司曾委托万嘉公司连云港分公司办理过保险，也未证明曾向万嘉公司连云港分公司支付过保险金或保价费，涉案《托书》亦无关于委托万嘉公司连云港分公司办理保险的内容记载。最后，在双方数年国际货物运输业务合作期间，万嘉公司连云港分公司长期为秀强公司办理国际货物运输业务，秀强公司从未委托万嘉公司连云港分公司代办保险或安排保价运输，现秀强公司在本案中主张被告应当为涉案货物办理保险，显然与双方交易习惯不相符合。综上，本院对秀强公司的上述主张不予支持。鉴于秀强公司并未委托万嘉公司连云港分公司为涉案货物办理保险，也未支付过包括铁路运输区段货物保险金在内的任何货物保险费用，因此，被告万嘉公司连云港分公司有权依据墨西哥法律享受赔偿责任限制。

关于被告万嘉公司连云港分公司应当承担的具体赔偿金额。因原、被告双方未约定货物交付日，依据外国法查明结果，应当以秀强公司提出赔偿主张日的墨西哥联邦首都区现行一般最低工资作为基数计算。秀强公司于 2020 年 10 月 28 日向本院提起本案诉讼，按照墨西哥《联邦公报》颁布的计算基数，2020 年 1 月墨西哥联邦首都区的一般最低工资为 123.22 比索，15 天的最低工资计 1848.3 比索，涉案提单所载货物重量为 114666 千克（114.666 吨），故万嘉公司连云港分公司的赔偿责任限额为 211937.17 比索（计算公式为 114.666 × 1848.3 = 211937.17）。因秀强公司已自认应当扣除 FERROMEX 公司向 SOLIGLASS 公司支付的 149432.73 比索，万嘉公司连云港分公司最终应承担的赔偿金额为 62504.44 比索，按照距离原告起诉最近之日 2020 年 10 月 30 日我国国家外汇管理局公布的 1 比索折合 0.046791 美元、1 元人民币折合 0.148739 美元的汇率换算标准，62504.44 比索折合人民币 19662.93 元（计算公式为 62504.44 × 0.046791 ÷ 0.148739 = 19662.93）。

此外，根据《中华人民共和国海商法》第五十五条关于货物赔偿额的规定，秀强公司诉请的运费损失已包含在货物的实际价值范围内，而货物损失已按照前述赔偿责任限额计算，故本院对秀强公司主张的运费损失不予保护。万嘉公司连云港分公司申请法院委托相关机构查明外国法内容系基于自身诉讼需求及诉讼利益维护而做出的寻求服务行为，应自行承担其为外国法查明之处的费用，其要求秀强公司承担该费用缺乏法律依据，本院不予支持。

综上，依照《中华人民共和国涉外民事关系法律适用法》第四十一条，《中华人民共和国海商法》第五十五条、第一百零三条、第一百零四条、第一百零五条，《墨西哥合众国关于铁路服务的实施法》第五十一条、第五十二条，《中华人民共和国民事诉讼法》第六十四条、第一百四十二条的规定，判决如下：

一、被告青岛万嘉集运物流有限公司连云港分公司于本判决生效之日起十日内支付原告江苏秀强玻璃工艺股份有限公司人民币19662.93元及利息（以19662.93元为基数，按照全国银行间同业拆借中心公布的贷款市场报价利率自2020年10月28日起计算至实际支付之日止）；

二、驳回原告江苏秀强玻璃工艺股份有限公司的其他诉讼请求。

如未按本判决指定的期间履行给付金钱义务，应当依照《中华人民共和国民事诉讼法》第二百五十三条的规定，加倍支付迟延履行期间的债务利息。

案件受理费15209元，由原告江苏秀强玻璃工艺股份有限公司负担12167元，被告青岛万嘉集运物流有限公司连云港分公司负担3042元。原告已预交案件受理费15209元，由本院退还3042元；被告应当在判决生效之日起十日内向本院交纳诉讼费用3042元。

如不服本判决，可在判决书送达之日起十五日内向本院递交上诉状，并按对方当事人的人数提出副本，上诉于江苏省高级人民法院。

审 判 长　俞旭明
审 判 员　郑文辉
审 判 员　李冠颖

二〇二一年十一月十二日

法官助理　李　根
书 记 员　魏明月